Le Monde

La politique

en 350 quiz

Textes de **Paul Bacot**,
professeur de Science politique,
Institut d'études politiques de Lyon, UMR CNRS Triangle

Avec l'aimable collaboration de **Raphaëlle Bacqué**,
Grand reporter pour Le Monde

rue des écoles

Avant-propos

Les choix d'un pays requièrent vision stratégique et gravité. Les batailles d'hommes ont parfois la saveur d'un roman d'aventures. Que voulez-vous, le pouvoir a deux facettes : l'une cérébrale et sophistiquée, l'autre séduisante et légère. C'est donc à un test savant autant qu'amusant que nous vous invitons. Il faudra mesurer vos connaissances de citoyen et votre mémoire de l'anecdote. Connaître les ressorts de la constitution et goûter ce « vieux kroumir », dont le général de Gaulle affublait ses adversaires. Saisir la force d'un principe né de la révolution, et se souvenir du lieu symbolique où Ségolène Royal célébra dans un sourire la « bravitude »... Géométrie des clivages, géographie des luttes d'influence et sens de la rhétorique.

Ne considérez pas les choses à la légère, l'examen est difficile. Ne les prenez pas trop au sérieux : la politique est aussi un jeu.

Raphaëlle Bacqué

Sommaire

Les enjeux : pourquoi et pour quoi on se bat

Les règles : le cadre de la bataille

Les camps : clivages et partis

Les acteurs : politiciens et citoyens

Les références : la mobilisation de la mémoire

La Constitution : la mère de toutes les règles

La politique française et le monde

Les enjeux : pourquoi et pour quoi on se bat

Ce qu'on appelle « la politique » est de l'ordre de la conflictualité : c'est un ensemble de luttes pour la détention et pour l'exercice du pouvoir, mais c'est aussi et peut-être d'abord une bataille permanente pour l'imposition d'une certaine représentation de ce qui nous unit et de ce qui nous divise. Connaître la politique, c'est d'abord connaître ce pour quoi les acteurs qui y sont engagés se battent ou s'entendent.

La politique comme scène de représentation de la conflictualité sociale

Hémicycle de l'Assemblée nationale

Les hémicycles schématisés rendant compte de la répartition des groupes à l'Assemblée nationale nous disent plus que l'état d'un rapport de forces entre groupes. Ils donnent à voir un ordonnancement par rapport à un clivage dominant. Tenter d'imposer une problématique lors d'une campagne électorale, faire un discours qualifiant son action et ceux qui la soutiennent et stigmatisant ceux qui s'y opposent, choisir le nom d'un parti, d'une liste de candidats ou d'une politique publique, c'est œuvrer à la construction d'une certaine représentation de la conflictualité sociale et s'opposer à d'autres, chacune de ces conceptions faisant en quelque sorte des victimes et des bénéficiaires potentiels.

1. Qui a dit vouloir rassembler « deux Français sur trois » ?

....

2. Qui a dit : « La France était coupée en deux. Avec moi, elle sera pliée en quatre » ?

....

La « droite » et la « gauche » en politique

L'usage de cette métaphore latéralisée date de 1789, exactement du 28 août, jour de la division de l'Assemblée constituante entre partisans et adversaires du veto royal, les uns et les autres se plaçant de chaque côté du président. Il s'est dès lors perpétué à travers des conjonctures variées, et a été largement exporté presque dans le monde entier. Les significations concrètes de ces deux mots dans la vie politique d'un pays à un moment donné, voire pour telle ou telle personne interrogée à leur sujet, sont évidemment l'objet de grandes variations, même si leur sémantisme contrasté ne relève pas d'un pur arbitraire.

3. Qui a dit : « J'aime mieux mes filles que mes cousines, mes cousines que mes voisines, mes voisines que les inconnus, et les inconnus que mes ennemis » ?

a. Daniel Cohn-Bendit
b. Julien Dray
c. Jean-Marie Le Pen
d. Michel Poniatowski
e. Nicolas Sarkozy

4. **Qui a dit : « S'il fallait, sur la plupart des grands sujets, tracer des lignes de partage, aucune ne passerait par le milieu » ?**

a. François Bayrou
b. Valéry Giscard d'Estaing
c. Charles Pasqua
d. Ségolène Royal
e. Bernard Tapie

5. **Qui a dit : « Je me sens, dans l'ordre : français, méditerranéen, puis européen » ?**

a. Éric Besson
b. Georges Frêche
c. Jean-Claude Gaudin
d. Jean-Marie Le Pen
e. Guy Mollet

6. **Qui a dit : « Quand les Auvergnats sortent d'un bureau, ils éteignent la lumière, car ils n'ont pas l'habitude de jeter l'argent par les fenêtres » ?**

a. Michel Charasse
b. Jacques Chirac
c. Valéry Giscard d'Estaing
d. Brice Hortefeux
e. Georges Pompidou

7. **Le mot *classe* ne figure pas dans la Déclaration de principes du Parti socialiste.**

a. vrai
b. faux

8. **L'une de ces personnes ne figurait pas parmi les personnalités invitées au Fouquet's le soir de l'élection de Nicolas Sarkozy à la présidence de la République. Laquelle est-ce ?**

a. Bernard Arnault
b. Vincent Bolloré
c. Martin Bouygues
d. Serge Dassault
e. Lou Vrier

L'Auvergne dans la politique française

L'Auvergne a donné à la France plusieurs présidents de la République : Gaston Doumergue (de 1924 à 1931), Paul Doumer (de 1931 à 1932, date à laquelle il fut assassiné à Paris par un émigré russe), Georges Pompidou (de 1969 à 1974, date à laquelle il mourut de maladie), Valéry Giscard d'Estaing (de 1974 à 1981). Mais aussi Pierre Laval (chef du gouvernement de Vichy de 1942 à 1944) et François de la Rocque (le colonel président des Croix-de-feu, puis du Parti social français : « les fascistes au poteau, et La Rocque à l'échafaud », chantaient les manifestants du Front populaire), et quelques autres...

La politique comme lieu de compétition pour l'accès ou le maintien au pouvoir

C'est l'aspect le plus visible et le plus connu de la politique : des individus et des groupes s'affrontent pour l'obtention de postes donnant à ses détenteurs dans des proportions variables des compétences juridiques, des moyens matériels et des ressources symboliques : le droit de contraindre, la possibilité de financer, l'autorité pour légitimer sa parole et ses choix. Les enjeux institutionnels de la vie politique française sont principalement les mandats pourvus au suffrage universel direct (président de la République, députés à l'Assemblée nationale, députés au Parlement européen, conseillers régionaux, généraux et municipaux) ou au suffrage indirect (sénateurs, présidents et vice-présidents d'assemblées territoriales, maires et adjoints au maire). Au-delà, les instances intercommunales ou internationales, mais aussi de multiples organismes (comités, commissions, cabinets, conseils, hautes autorités, offices, missions, entreprises…) offrent à la compétition politique des milliers de places plus ou moins bien dotées en pouvoir, en rémunération et en prestige. Sans oublier bien sûr les membres du gouvernement, de la Commission européenne, et de certains corps de la Haute Fonction publique pour partie ouverts à la nomination politique.

1. Associez l'image d'un bâtiment, son nom et celui de l'institution qu'il abrite :

Noms des bâtiments :
Palais du Luxembourg : ____
Palais-Royal : ____
Hôtel Matignon : ____
Palais-Bourbon : ____
Palais de l'Élysée : ____

Institutions :
Sénat : ____
Assemblée nationale : ____
Présidence de la République : ____
Conseil institutionnel : ____
Premier ministre : ____

2. Combien y a-t-il de départements dans la République française ?

....

3. Combien y a-t-il de régions dans la République française ?

....

4. Combien y a-t-il approximativement de conseillers généraux en France ?

a. 2 100
b. 4 200
c. 8 400
d. 16 800

5. Qu'est-ce qu'un EPCI ?

a. un établissement public commercial et industriel
b. un établissement privé de communication et d'information
c. un établissement public de coopération intercommunale

6. Toutes ces institutions sont des collectivités territoriales, sauf une. Laquelle ?

a. commune
b. canton
c. département

d. région
e. département d'outre-mer
f. territoire d'outre-mer

7. Mayotte est-elle :

a. une île de la République des Comores ?
b. un territoire d'outre-mer de la République française ?
c. une colonie britannique ?
d. une base américaine de l'océan Indien ?

8. Toutes ces institutions sont des EPCI, sauf une. Laquelle ?

a. communauté d'agglomération
b. syndicat intercommunal
c. région urbaine
d. communauté de communes
e. communauté urbaine

9. De quelle structure Jean Sarkozy a-t-il tenté en vain de devenir le président en 2009 ?

a. la Société du Grand-Paris
b. l'UMDP
c. la RATP
d. l'EPAD

10. Qu'est-ce que la CNIL ?

....
....
....

11. Associez le nom d'un ministère et sa désignation métonymique (l'une des désignations métonymiques vaut pour deux ministères).

- affaires étrangères et européennes •
- économie, finances et industrie •
- travail, relations sociales, famille, solidarité et ville •
- éducation nationale •
- intérieur, Outre-mer et collectivités territoriales •
- justice et libertés •

- • Rue de Grenelle
- • Quai d'Orsay
- • Place-Vendôme
- • Bercy
- • Place-Beauvau

Le 101 rue de Grenelle

12. Lors de la constitution de la nouvelle Commission européenne, les deux commissaires désignés par la France ont été Michel Barnier et Jean-Marie Bockel.

a. vrai
b. faux

13. Qui, en 2008, a en quelque sorte été élu dans un seul scrutin à la fois maire de la commune et président du conseil général du département ?

....
....
....

14. Quelle est la discipline de l'universitaire auteur de l'ouvrage *De la lutte des classes à la lutte des places* ?

a. géographie
b. sociologie
c. économie
d. psychologie
e. histoire

Origine de l'expression *lutte des classes*

On considère généralement que c'est François Guizot, dans son Cours d'histoire générale de la civilisation en Europe donné à la Sorbonne en 1828, qui a le premier utilisé cette expression lutte des classes. Celle-ci rend compte selon lui d'une caractéristique fondamentale de l'Europe moderne. D'autres auteurs feront usage de cette formule, mais c'est bien sûr Karl Marx et Friedrich Engels qui lui assureront un destin international, notamment dans le Manifeste du Parti communiste paru en 1848. Jusqu'à la fin du XXe siècle, et sans préjuger d'un éventuel retour en grâce ultérieur, le concept a largement structuré la vie politique en France et dans de nombreux autres pays.

15. Joëlle Ceccaldi-Reynaud est-elle :

a. présidente de l'EPAD ?
b. présidente de l'Association des départements de France (ADF) ?
c. présidente du Conseil d'orientation des retraites ?

16. L'expression « le gouvernement Sarkozy » est-elle correcte ?

a. oui
b. non

17. Depuis 2008, il y a deux CESE. Quelles sont les deux significations du sigle ?

....
....
....
....
....

La politique comme lieu d'exercice du pouvoir

La politique, c'est aussi les politiques publiques, c'est-à-dire un ensemble de décisions ou d'intentions de décisions, présentées comme formant un tout cohérent et répondant à un certain objectif, à une situation particulière, à un problème donné. Les politiques publiques supposent d'abord une mise à l'agenda d'une question, puis l'élaboration de solutions et le choix de certaines d'entre elles, enfin leur mise en application et éventuellement l'évaluation de leurs résultats. À chacune de ces étapes, des acteurs nombreux et variés interviennent, officiellement ou officieusement, publiquement ou discrètement, légalement ou illégalement, dans un sens ou dans un autre : élus, dirigeants de partis, représentants de groupes sociaux et de forces économiques, experts réels ou supposés tels, professionnels du lobbying, médias, citoyens mobilisés, voire dirigeants étrangers, dignitaires religieux ou relations familiales – mais la liste est bien plus longue que cela.

1. Combien de lois sont-elles en principe applicables en France aujourd'hui ?

a. environ 100
b. environ 1 000
c. environ 10 000
d. environ 100 000

2. **Combien de décrets sont-ils en principe applicables en France aujourd'hui ?**

a. environ 15 000
b. environ 30 000
c. environ 60 000
d. environ 120 000

3. **Qu'est-ce que la loi DALO ?**

a. la loi sur la démocratie administrative et la lisibilité organisationnelle
b. la loi sur les dépenses administratives de l'Outre-mer
c. la loi sur le droit au logement opposable

4. **Que signifie le sigle HADOPI ?**

....
....

5. **Qui a peur de la LOLF ? Mais... que signifie ce sigle ?**

a. loi ordinaire sur la législation financière
b. loi organique relative aux lois de finances
c. loi sur l'opéra, le lyrique et le funambulisme
d. loi d'orientation locale et foncière

Le PLOUF avant la LOUF

La loi du 30 décembre 1967, appelée « Loi d'orientation foncière » ou « LOF », avait commencé à être connue durant les débats préparatoires à son adoption à travers le sigle PLOUF (pour « Projet de loi d'orientation urbaine et foncière »). Ce projet devait logiquement déboucher sur une LOUF... Les choix de siglaisons seront rapidement améliorés, au profit d'un plofu (« Projet de loi d'orientation foncière et urbaine »), dont l'appellation augurait mieux de sa transformation en loi. Le nom de celle-ci gommera la dimension urbaine, d'où la dénomination finale. C'est la LOF qui mit en place, notamment, les plans d'occupation des sols (POS), les coefficients d'occupation des sols (COS) et les schémas d'aménagement et d'urbanismes (SDAU).

6. ***Loi organique*** **et** ***loi constitutionnelle*** **sont deux expressions désignant la même réalité juridique.**

a. vrai
b. faux

7. **Les régions contribuent au financement des trains express régionaux (TER).**

a. vrai
b. faux

Train express régional

8. **Les départements sont en charge de la gestion des lycées.**

a. vrai
b. faux

9. **Pour la Commission européenne, les déficits publics ne doivent pas normalement dépasser 5% du PIB.**

a. vrai
b. faux

10. **Qu'appelle-t-on** ***contractualisation de l'action publique*** **?**

....
....
....
....
....

11. **Qu'appelle-t-on coopération décentralisée ?**

....
....
....
....
....

Qu'est-ce que la décentralisation ?

C'est le transfert de compétences de l'État central vers une autre personne morale de droit public, notamment une collectivité territoriale. Bien que déclarée par la constitution « indivisible », la France a connu ses premières lois de décentralisation en 1871 et 1884 : le département sera alors géré par un conseil général élu, et la commune par un conseil municipal élu, élisant lui-même un maire. La loi du 2 mars 1982, dite « loi Defferre », supprime la tutelle a priori exercée par le préfet, transfert l'exécutif départemental du préfet au président du conseil général, et fait de la région une collectivité territoriale dotée d'un conseil élu au suffrage direct. D'autres lois, en 1983, viendront compléter le dispositif. On a parlé d'« Acte II de la décentralisation » avec la loi constitutionnelle du 28 mars 2003, qui institue notamment le référendum local.

12. **Qu'est-ce que le Centre d'analyse stratégique ?**

a. l'instance ayant remplacé le Commissariat général du Plan
b. le principal laboratoire de l'Institut d'études politiques de Paris
c. un comité créé dans le cadre de l'OTAN et siégeant à Paris

13. **Que signifie le sigle AFSSAPS ?**

....
....
....
....
....
....

14. **Une nouvelle commission permanente a été instituée en 2008 dans chacune des deux assemblées parlementaires. Quelle est sa compétence ?**

....
....
....
....
....

15. **Quelle part approximative du budget de l'Union européenne occupe la politique agricole commune (PAC) ?**

a. 10 %
b. 20 %
c. 30 %
d. 40 %
e. 50 %

16. **Que signifie le sigle LFSS ?**

....
....
....
....

17. **Qu'est-ce qu'un *cavalier législatif* ?**

a. Sous la première Restauration, c'est le cavalier qui accompagnait le président de la Chambre des pairs lors de son entrée dans l'assemblée.
b. C'est une disposition législative introduite par amendement dans un texte où elle n'a pas sa place.
c. Il s'agit d'un député enfreignant les bons usages au sein de l'Assemblée nationale.

18. **Qu'est-ce que la Tracfin ?**

....
....
....
....
....
....

19. **Le droit communautaire européen se subdivise en un droit « primaire » et un droit « dérivé ». De quoi s'agit-il ?**

....

....

....

....

20. **Classez les postes de dépenses des vingt-et-une régions métropolitaines de droit commun (hors Assemblée de Corse, donc), par ordre décroissant.**

a. transport express régional
b. recherche, enseignement supérieur
c. aide aux entreprises
d. lycées
e. formation professionnelle
f. apprentissage
g. lignes TGV, ferroutage
h. équipements, environnement

1. ....

....

2. ....

....

3. ....

....

4. ....

....

5. ....

....

6. ....

....

7. ....

....

8. ....

....

21. **Comment s'appelait la commission créée en septembre 2009 par Nicolas Sarkozy et coprésidée par Alain Juppé et Michel Rocard ?**

a. commission sur les priorités stratégiques d'investissement et l'emprunt national
b. commission du grand emprunt
c. commission de l'emprunt Sarkozy
d. commission sur l'utilisation des fonds levés dans le cadre du grand emprunt

Ô Corse, ô collectivité territoriale !

Un an avant le décès de Tino Rossi, auteur de Ô Corse, ô île d'amour, *les lois du 2 mars et du 30 juillet 1982 donnent à la Corse un statut particulier. La loi du 13 mai 1991 due à Pierre Joxe, ministre de l'Intérieur, transformera cette région à statut dérogatoire en « collectivité territoriale de la République ». Le 6 juillet 2003, un référendum organisé sur l'île rejettera massivement une nouvelle réforme considérée comme antirépublicaine, notamment par le maire de Bastia, Émile Zuccarelli.*

22. **Le total des budgets des collectivités territoriales s'élève à 181,3 milliards d'euros, répartis entre les communes, les départements et les régions. Laquelle de ces trois catégories dispose de 89,7 milliards d'euros ?**

a. les communes
b. les départements
c. les régions

23. **Que signifie le sigle RGPP ?**

....

....

....

....

24. **Si l'on vous dit que la CET sera composée d'une CFE et d'une CVAE, qu'entendez-vous par là ?**

....

....

....

....

....

Les règles : le cadre de la bataille

Les régimes réputés démocratiques se distinguent de ceux réputés autoritaires ou totalitaires par le fait qu'ils reconnaissent le caractère inévitable, et finalement bénéfique, de la course au pouvoir. Il en résulte l'organisation de cette concurrence sous la forme d'une compétition permanente dont les élections désignent des vainqueurs et des vaincus, toujours provisoires : l'alternance est censée être toujours possible. D'où l'importance des règles qui régissent tant les périodes électorales que les autres moments de la vie politique, notamment en matière financière et communicationnelle, mais aussi dans la production des normes et dans la prise de décision.

Les règles spécifiques aux élections

Savez-vous ce qu'est le *gerrymandering* ?

En 1812, un gouverneur du Massachusetts, nommé Elbridge Gerry, découpa des circonscriptions aux formes bizarres, ressemblant à des salamandres (salamander *en anglais), afin que ses amis politiques fussent favorisés. Importé dans le discours politologique français,* gerrymandering *est donc devenu synonyme de découpage partisan.*

Les règles, qu'elles soient constitutionnelles, légales ou réglementaires, ou même qu'elles résultent de la jurisprudence des juridictions compétentes, doivent nécessairement répondre aux questions suivantes : pour quoi vote-t-on ? Quand et avec quelle périodicité ? Qui est électeur ? Qui est éligible ? Comment est constituée l'offre électorale ? Comment vote-t-on ? Dans une seule ou dans plusieurs circonscriptions, découpées comment ? Comment produit-on le résultat en voix ? Comment le traduit-on en sièges ? Quels sont les recours possibles ? Dans le cas des référendums, la problématique est sensiblement la même, mais avec quelques spécificités, concernant notamment ce qui tient lieu d'offre électorale : comment la question posée est-elle formulée ?

1. L'expression *charcutage électoral* désigne le développement de violences physiques en période électorale.

a. vrai
b. faux

2. Tous les mandats politiques en France sont de cinq ou six ans.

a. vrai
b. faux

3. Un conseil municipal n'est pas obligé d'élire maire le candidat classé premier sur la liste majoritaire.

a. vrai
b. faux

4. Aux élections régionales, une liste doit avoir obtenu au premier tour au moins 5% des inscrits pour pouvoir fusionner avec une autre liste pour le second tour.

a. vrai
b. faux

5. En dehors du cas de dissolution, la législature est toujours précisément de cinq ans.

a. vrai
b. faux

6. Les élections législatives de 1986 ont eu lieu les 16 et 23 mars.

a. vrai
b. faux

7. De quand date la Constitution européenne ?

....

La représentation proportionnelle en France

On appelle « représentation proportionnelle » un scrutin de liste à l'issue duquel les sièges sont susceptibles d'être répartis entre plusieurs listes, en principe au prorata des suffrages obtenus par chacune d'elles. Il n'y a guère que pour les élections européennes que cette modalité atoujours été utilisée en France, au suffrage direct. Elle est surtout pratiquée en combinaison avec le mode majoritaire, dans des scrutins dits de ce fait « mixtes » : élections municipales dans les villes, élections régionales. Le reste n'est qu'exceptions circonstancielles.

8. Quel traité a-t-il institué une « citoyenneté européenne » ?

a. Amsterdam
b. Maastricht
c. Nice
d. Rome

9. Deux représentants de la France non élus par les Français siègent au Parlement européen à titre d'observateurs de 2010 à 2014.

Pourquoi ?

....
....
....
....
....

10. Donnez le nombre de sièges à attribuer à chacune des listes selon les résultats en voix suivants, pour un total de 10 sièges :

Liste A : 51 voix – Liste B : 49 voix

a. au scrutin de liste proportionnel
b. au scrutin de liste majoritaire
c. au scrutin de liste mixte sur le modèle de celui des élections municipales
d. au scrutin de liste mixte sur le modèle de celui des élections régionales

a. ....
b. ....
c. ....
d. ....

11. Le panachage est-il autorisé dans les élections politiques au suffrage direct en France ?

a. oui
b. non
c. dans de rares cas

12. Depuis quand utilise-t-on des isoloirs pour les élections populaires en France ?

a. depuis 1907
b. depuis 1913
c. depuis 1954

13. Le système dit du « vote unique transférable » est-il utilisé en France ?

a. oui
b. non

Les règles du financement de la vie politique

Puisque d'une manière générale l'argent est le nerf de la guerre, et puisqu'en démocratie on affiche la volonté de la plus grande égalité possible – au moins formelle – entre les candidats et les partis en présence et de la plus grande transparence possible des sources de financement, des règles de plus en plus strictes ont été élaborées. Il s'agit de faire bénéficier un certain nombre d'élus d'indemnités, certains candidats de remboursements de frais de campagne, certains partis de subventions. Ces financements publics sont censés tout à la fois pourvoir à la perte de revenus pour ceux qui s'adonnent à la politique, et couvrir les frais liés à leur activité politique individuelle et collective. Mais, soit que ces dispositifs sont objectivement insuffisants, soit que les intéressés cherchent dans la politique l'occasion d'échapper aux contraintes ordinaires, on sait qu'existent des financements occultes, notamment sous les formes de la fausse facturation ou des emplois fictifs. Entre financement légal et financement illégal, il y a place pour tout un jeu de mise en cause et de stigmatisation que le droit peine à trancher : la bataille politique vise non seulement à produire les règles, mais aussi à les interpréter, à les appliquer, à les transgresser.

1. De quoi traitent les lois du 11 mars 1988 et du 16 janvier 1990 ?

....
....
....
....
....

L'affaire Urba

À la suite du congrès d'Épinay de 1971, et conformément aux usages de l'époque, le Parti socialiste met en place un dispositif (trop) centralisé de financement occulte. L'évolution des mœurs politiques et l'obstination de certains adversaires sera à l'origine d'une « affaire », dont les lois de la fin du siècle tenteront d'éviter la reproduction en même temps que d'en atténuer certains effets personnels et collectifs. Plusieurs bureaux d'études, dont Urba, Sages ou BLE, prélevaient un pourcentage sur les marchés publics contrôlés par certains élus du parti, à travers un système de fausse facturation. Le PDG d'Urba était Gérard Monate, ancien leader syndicaliste de la police. La loi de 1990 aboutira à l'amnistie d'un certain nombre de responsables socialistes. Mais à la suite de nouveaux rebondissements judiciaires, quelques condamnations seront prononcées, ainsi que quelques relaxes, mais les enquêtes ne montreront jamais l'existence d'enrichissement personnel.

2. À combien de millions d'euros se sont élevées les subventions publiques en faveur de l'UMP en 2008 ?

a. 12.
b. 32.
c. 52.
d. 72.
e. 92.

3. **Quel est le montant annuel maximum d'un don d'une personne physique à un parti politique ?**

a. 50 €
b. 1 500 €
c. 7 500 €
d. 10 000 €

4. **La Constitution interdit à un ministre en charge du budget de la République d'être en même temps trésorier national d'un parti politique.**

a. vrai
b. faux

5. **Quelle est l'étymologie de *népotisme* ?**

6. **Quel traité a prévu le financement des partis politiques européens ?**

a. Amsterdam
b. Lisbonne
c. Maastricht
d. Nice
e. Rome

7. **Quelle charge importante dans la République française a été confiée à François de Grossouvre dans les années 1980 et à Pierre Charon en 2009 ?**

8. **À combien se montaient les « frais de bouche » de l'Hôtel de Ville de Paris pendant la mandature de Jacques Chirac (1987-1995), dénoncés par Bertrand Delanoë après son élection à la fonction ?**

a. 400 000 francs
b. 700 000 francs
c. 1 400 000 francs
d. 7 000 000 francs
e. 14 000 000 francs

9. **À quel ancien ministre appartenait la paire de chaussures qui occupa un temps la Justice et les médias ?**

10. **À trente ans d'intervalle, on a parlé de diamants et d'une perle noire donnés aux épouses d'hommes politiques. De quoi s'agit-il ?**

Les règles du débat politique

L'importance croissante des médias et les possibilités nouvelles offertes à tout un chacun pour intervenir dans le débat politique posent la question du respect d'une certaine conception de la démocratie. Les luttes politiques vont donc porter sur ce qu'il faut autoriser, tolérer ou interdire, et sur la façon de qualifier telle ou telle pratique – qu'il s'agisse des temps de parole à la télévision, de la légitimité des manifestations de rue ou des actions plus violentes, de l'usage de l'Internet couplé à celui des outils portatifs de prise de sons et d'images, du développement des formes de démocratie participative, voire délibérative. Il en va donc de la place et des droits de chacun dans les différentes formes de participation politique, mais aussi dans les multiples aspects de la pratique institutionnelle.

1. Selon la Constitution, où se rassemblent les deux assemblées réunies en Congrès ?

a. au Palais Bourbon
b. au Palais du Luxembourg
c. aux Tuileries
d. à Versailles
e. à Vichy

2. À l'Assemblée nationale, tous les membres de la Conférence des présidents ne sont pas présidents.

a. vrai
b. faux

3. Qui convoque les députés et les sénateurs en Congrès ?

a. le président de la République
b. les présidents des deux assemblées
c. le Premier ministre
d. le président du Conseil constitutionnel

4. Qu'appelle-t-on *navette* dans la vie institutionnelle française ?

a. le va-et-vient entre les deux chambres en vue de l'adoption d'un texte législatif unique
b. le va-et-vient entre le gouvernement et l'Assemblée nationale en vue de l'adoption d'une loi
c. le va-et-vient entre l'Assemblée nationale et la commission compétente à propos d'un texte

Une métaphore textile

Dans le métier à tisser ou dans une machine à coudre, la navette est appelée ainsi par analogie de forme avec une nef. C'est l'idée de mouvement alternatif, d'aller-retour qui permet d'employer métaphoriquement le mot navette, *dérivé de* nef, *pour désigner les passages successifs des textes de loi d'une assemblée parlementaire à l'autre. Mais il est probable que pour les jeunes générations, c'est plutôt à la navette spatiale – qui va dans l'espace et... en revient – que fait penser la navette parlementaire.*

5. Qu'est-ce qu'une commission mixte paritaire (CMP) ?

a. une commission réunissant en nombre égal des députés hommes et femmes
b. une commission réunissant en nombre égal des députés et des sénateurs
c. une commission réunissant en nombre égal des députés de la majorité et de l'opposition
d. une commission réunissant en nombre égal des députés et des membres du gouvernement

6. Combien de navettes sont possibles entre l'Assemblée nationale et le Sénat ?

....
....
....
....

7. Dans la vie parlementaire française, les majorités qualifiées supérieures à la majorité absolue sont très rares. Où et quand exige-t-on la majorité des 3/5 ? Où et quant exige-t-on la majorité des 2/3 ?

....
....
....
....

Les Duhamel dans la vie politique française

Il ne faut pas confondre Alain Duhamel, journaliste politique de renom, et son frère Patrice Duhamel, également journaliste mais ayant fait carrière dans les postes de responsabilité du monde de l'audiovisuel. Georges Duhamel était un poète français de la première moitié du XXe siècle. Jacques Duhamel fut un homme politique du milieu du même siècle, député centriste du Jura et plusieurs fois ministres. Son fils, Olivier Duhamel, est professeur de droit constitutionnel et ancien député européen socialiste.

8. Les projets de lois sont d'abord soumis :

a. au Conseil des ministres, puis au Conseil d'État.
b. au Conseil d'État, puis au Conseil des ministres.

9. Début 2007, le journaliste Alain Duhamel a été sanctionné par France 2 pour avoir dit qu'il voterait en faveur de François Bayrou.

a. vrai
b. faux

10. Quand le Conseil d'État a-t-il été créé ?

a. en l'An VII
b. en 1799
c. en 1848
d. en 1871
e. en 1946
d. en 1958

Conseil d'État

11. Quelles différences existe-t-il entre les procédures d'empêchement et de destitution du président de la République ?

....
....
....
....
....

12. Comment l'erreur de vote d'un seul sénateur a-t-elle pu, lors d'un scrutin public le 14 décembre 2009, entraîner l'adoption d'un amendement communiste rejetant un projet de loi ?

....
....
....
....
....

13. Comment sont désignés les membres d'une commission d'enquête sénatoriale ?

....
....
....
....
....

14. « C'est dégoulinant de bêtise [...] Ça me fait vomir ». De quoi Luc Ferry parlait-il en ces termes, le 10 décembre 2009 ?

....
....
....
....
....
....

Les Ferry dans la vie politique française

Claude Joseph Ferry fut député à la Convention nationale, et Abel Ferry un homme politique de la IIIe République, secrétaire d'État puis ministre en même temps que soldat au front. Son oncle Jules Ferry, ministre de l'Instruction publique et président du Conseil, est l'auteur des fameuses lois scolaires qui portent son nom et instituent l'école publique, laïque et obligatoire. Luc Ferry est un philosophe, ancien professeur à l'Institut d'études politiques de Lyon, ancien ministre de l'Éducation nationale, et frère de Jean-Marc Ferry, également philosophe.

15. Qui préside le Conseil supérieur de la magistrature ?

a. le président du Conseil d'État
b. le ministre de la Justice
c. le président de la République
d. le premier président de la Cour de Cassation
e. le garde des Sceaux

16. Le président de la République est irresponsable pour les actes accomplis dans l'exercice de ses fonctions, sauf dans deux cas de figures. Lesquels ?

....
....
....
....

17. Qu'est susceptible d'être appelé à ratifier le Parlement ?

a. des traités
b. des ordonnances
c. des jugements
d. des rectifications budgétaires

18. Depuis quand le principe de précaution a-t-il une valeur constitutionnelle ?

....
....

19. Qu'est-ce que François Mitterrand refusa de signer en 1986 ?

....
....
....
....

20. À quand remonte la dernière adoption d'une motion de censure ?

a. octobre 1956
b. octobre 1962
c. juin 1968
d. mai 1981
e. janvier 1997

21. Quand François Mitterrand a-t-il tenu ces propos : « Les institutions n'étaient pas faites à mon intention, mais elles sont bien faites pour moi » ?

a. juillet 1981
b. janvier 1988
c. juillet 1994

Les camps : clivages et partis

Les acteurs du jeu politique s'unissent et s'opposent sur la base d'accords et de désaccords sur des projets, des objectifs, des priorités, en un mot sur des politiques. Mais ces débats sur des actes effectifs ou projetés sont sans cesse référés à des oppositions plus fondamentales et plus durables, censées les expliquer et les justifier. Chacun se réclame d'un camp, par rapport à un ou plusieurs clivages. Stein Rokkan en a décelé quatre grands, issus de l'histoire des siècles derniers, dans la plupart des pays européens : les clivages centre-périphérie, Église-État, bourgeoisie-prolétariat, ville-campagne (ce dernier a évolué vers une opposition marché-nature, selon Daniel-Louis Seiler). Mais ces divisions semblent continuer, depuis la Révolution, à se condenser dans un affrontement binaire, rendu par le couple lexical gauche/droite. Ces grandes différences idéologiques et doctrinales s'objectivent dans des oppositions entre organisations revendiquant plus ou moins le monopole de la représentation de certaines idées, de certains intérêts, de certaines valeurs. Au gré des conjonctures, ces partis nouent des alliances et constituent des coalitions, qu'elles soient dans la majorité ou dans l'opposition du moment.

Karl Marx

Les idéologies et les doctrines

Les débats politiques peuvent rester théoriques, rester l'apanage de spécialistes, d'idéologues, de savants, d'experts, de philosophes. Ils se développent alors dans des lieux qui ne sont pas réputés politiques, ou alors dans des cercles ou des clubs, des publications ou des émissions qui sont en quelque sorte à la charnière de la politique dite politicienne (au sens où elle est le fait de politiciens professionnels) et de la réflexion sur la Cité. Certains partis ou certains dirigeants politiques peuvent faire grand usage de la production scientifique et intellectuelle : il y a alors passage de la théorie à la pratique, par un travail de traduction et d'adaptation. Les forces proposant un profond changement de la société cherchent généralement davantage l'apport, le soutien, voire la caution, des théories et des théoriciens. Celles qui sont davantage portées à la gestion de l'existant s'en préoccupent moins.

1. Ces deux textes sont extraits, l'un de la *Déclaration de principes* du Parti socialiste, l'autre de la *Charte des valeurs* de l'UMP. Une chance sur deux de tomber juste...

A. « L'égalité est au cœur de notre idéal. Cette quête n'a de sens que par et pour les libertés. Égalité et liberté sont indissociables. »

B. « La solidarité doit permettre de protéger chacun contre les aléas de la vie : maladie, handicap, dépendance ou chômage. L'État est là pour que soit garantie la protection sociale à laquelle les Français sont légitimement attachés. »

a. L'extrait de la *Déclaration de principes* du PS est le texte ____.

b. L'extrait de la *Charte des valeurs* de l'UMP est le texte ____.

2. **Les Clubs perspectives et réalités regroupaient-ils des :**

a. socialistes ?
b. giscardiens ?
c. gaullistes ?
d. radicaux ?
e. trotskistes ?

3. **Qu'est-ce que le *Lab* dans la vie politique française actuelle ?**

....
....
....

4. **Qui a dit : « Chaque Français fut, est ou sera gaulliste » ?**

Charles de Gaulle

....
....

5. **Qui gouverne en...**

a. ploutocratie ? ....
b. ochlocratie ? ....
c. démocratie ? ....

Les *-craties* et les *-archies*

Venant du grec kratos, *signifiant « force », « puissance », le suffixe* -cratie *a donné en français, en dehors de* ploutocratie, ochlocratie *et* démocratie *:* aristocratie *(« le pouvoir des meilleurs »),* monocratie *(« d'un seul »),* bureaucratie *(« des bureaux »),* gérontocratie *(« des vieux »),* médiocratie *(« des médiocres »)... Quant au suffixe* -archie, *venant du grec* arkhia, *signifiant « gouvernement », « commandement », il a donné en français :* anarchie *(« absence de pouvoir »),* monarchie *(« pouvoir d'un seul »),* énarchie *(« des énarques »),* polyarchie *(« de plusieurs »),* oligarchie *(« de quelques-uns »)...*

6. **Quelles sont les « trois droites » distinguées par René Rémond dans l'histoire politique française ?**

....
....
....

René Rémond

Historien politique, membre de l'Académie française, longtemps président de la Fondation nationale des sciences politiques, René Rémond (1918-2007) était un spécialiste notamment de l'histoire religieuse, de l'histoire du temps présent et de l'histoire des droites. L'ancien immeuble de l'ENA, rue de l'Université à Paris, porte désormais son nom.

7. **Qu'est-ce qui oppose la « gauche caviar » et la « gauche cassoulet » ?**

....
....
....
....
....
....
....

8. **Qu'est-ce qu'un *think tank* ?**

a. un laboratoire d'idées
b. un argument déterminant
c. un campus universitaire

9. **Que désigne-t-on par DVD ?**

....

10. **Ortolans *versus* tête de veau : deux idéologies gastronomiques ? Chacune de ces spécialités est associée à un ancien président de la République. Quels sont ces deux présidents ?**

a. ortolans : ....
b. tête de veau : ....

Les organisations partisanes

C'est à la fin du XIXe et au début du XXe siècle que naissent les partis politiques modernes. Ils vont progressivement devenir des acteurs centraux de la vie démocratique. D'abord très différents les uns des autres (Maurice Duverger oppose les partis de cadres et les partis de masses), ils tendent depuis quelques décennies à se ressembler davantage, devenant souvent des partis attrape-tout, soumis aux exigences des moyens modernes de communication, vivant des fonds publics, ne remettant plus guère en cause les fondements de la société telle qu'elle est. Certaines organisations se revendiquent d'une grande ancienneté malgré de profonds changements, d'autres mettent plutôt en scène des refondations successives plus ou moins réelles.

1. Que signifient les sigles ou acronymes suivants ?

a. UMP : ....

....

b. MPF : ....

....

c. PRG : ....

....

d. Medef : ....

....

2. Quel important parti politique français a été créé en 1978 et a été dissous en 2007 ?

....

3. À qui a succédé Martine Aubry au poste de premier secrétaire du Parti socialiste ?

a. Ségolène Royal
b. Vincent Peillon
c. Lionel Jospin
d. Pierre Moscovici
e. Laurent Fabius
f. François Hollande

4. L'UMP a signé un protocole avec le Parti communiste chinois.

a. vrai
b. faux

Laurent Fabius : « La tête et les jambes »

Né en 1946, Laurent Fabius a été, moins de trente-huit ans plus tard, le plus jeune premier ministre de la République. Mais auparavant (à 24 ans), il avait participé brillamment à l'émission de télévision « La tête et les jambes ». Membre du Parti socialiste en 1974, peu après sa sortie de l'ENA, il est l'artisan de la victoire de François Mitterrand contre Michel Rocard au congrès de Metz de 1979 (« entre le Plan et le marché, il y a le socialisme »). Ayant conquis son fief électoral en Seine-Maritime, il est inculpé une première fois en 1979 pour sa participation à la radio libre du PS, Radio Riposte. Ministre du Budget, il instaure l'impôt sur les grandes fortunes. Ministre de l'Industrie, il dénonce les « canards boiteux » du secteur public. Premier ministre, il impose des sanctions au régime raciste sud-africain, se réclame de la « modernité » et de la « modernisation », conteste l'invitation par François Mitterrand du général Jaruzelski (« Lui c'est lui, moi c'est moi ») et dénonce le régime de Fidel Castro. Il obtient la démission de Charles Hernu à la suite du scandale du Rainbow Warrior. Il sera ensuite longuement poursuivi dans l'affaire du sang contaminé. Ce n'est qu'en 1999 qu'il sera innocenté par la Cour de justice de la République, qui souligne au contraire le caractère bénéfique de ses décisions. Président de l'Assemblée nationale en 1988, Laurent Fabius sera élu premier secrétaire du parti en 1992, puis président du Groupe socialiste en 1995, puis de nouveau président de l'Assemblée en 1997, avant de devenir ministre de l'Économie en 2000. À partir de 2002, il prône une « opposition frontale » à la droite, y compris pour le référendum européen de 2005. Il s'opposera à la désignation de Ségolène Royal comme candidate du parti en 2007.

5. Comment s'appelle le parti présidé par Nicolas Dupont-Aignan ?

a. Debout les Français
b. De Gaulle, reviens
c. Debout les morts
d. Debout la République
e. Debout la France

6. MoDem signifie « Mouvement démocrate ». Mais un « Mouvement des démocrates » a existé avant l'initiative de François Bayrou. Lequel ?

....

....

7. Dans quelle rue de Paris chacun de ces partis politiques a-t-il son siège ?

a. UMP : ....
....

b. PS : ....
....

c. Parti radical : ....
....

d. PCF : ....
....

Le colonel Fabien

Pierre Georges, dit colonel Fabien (1919-1944), fut un militant communiste et un célèbre résistant français. Sur la place de Paris qui porte son nom, dans le XIXe arrondissement, se dresse depuis 1971 l'immeuble abritant le siège du Parti communiste français, œuvre de l'architecte (communiste lui aussi) brésilien Oscar Niemeyer. Achevé en 1980, le bâtiment est classé monument historique. On parle quelquefois du « Colonel-Fabien » pour désigner la direction du PCF. L'immeuble est aujourd'hui surdimensionné pour un parti en forte régression depuis vingt ans. Avant sa construction, le siège du parti se trouvait carrefour de Châteaudun, rebaptisé non sans malice politique « place Kossuth », en novembre 1956 : Kossuth était un héros de l'indépendance hongroise.

8. Qu'est-ce que le Parti pirate ?
a. la section française du Parti pirate international (PPI)
b. un parti s'opposant à la lutte contre la piraterie maritime
c. un parti revendiquant des actions illégales

9. Qu'est-ce que l'Agitprop ?
a. les campagnes de l'organisation de jeunesse de l'UMP, les Jeunes populaires
b. l'action de propagande du Parti communiste soviétique
c. l'action écologique en faveur d'un monde propre

10. Quel nombre minimal de députés permet la création d'un groupe parlementaire à l'Assemblée nationale ?
a. 10
b. 20
c. 30
d. 40

11. Ces sigles sont les noms successifs de partis issus du premier parti gaulliste, le Rassemblement du peuple français (RPF), sauf un. Lequel est-ce ?
a. RPR
b. RS
c. UDR
d. UD-V^e^
e. UDSR
f. UNR
g. UNR-UDT
h. UMP

12. Classer ces partis politiques chronologiquement selon la date de création (du plus ancien au plus récent) :

a. Front national
b. Union pour un mouvement populaire

c. Parti socialiste
d. Parti communiste
e. Nouveau Centre
f. Parti radical
g. MoDem
h. Nouveau parti anticapitaliste
i. Lutte ouvrière
j. Les Verts

....
....
....
....

13. Quel traité a-t-il reconnu l'existence de partis politiques au niveau européen ?

a. Amsterdam
b. Lisbonne
c. Maastricht
d. Nice
e. Rome

14. Depuis quand existe-t-il des groupes parlementaires au niveau européen ?

a. 1952
b. 1957
c. 1979
d. 1994

15. Que signifient les sigles suivants ?

a. PPE : ....
....

b. PSE : ....
....

16. Quel groupe du Parlement européen est désigné par le sigle S & D ?

....
....
....
....
....

Les alliances et les coalitions

Que ce soit dans les assemblées délibératives, durant les campagnes électorales ou au gouvernement, des alliances se nouent, plus ou moins durables, plus ou moins fortes – depuis le simple accord en vue de quelques désistements sans lendemain, jusqu'à l'adoption d'un programme commun. Ces regroupements peuvent être défensifs, ou porteurs d'une dynamique constructive. Certains partis, certaines fractions de partis, ou certains dirigeants de partis peuvent à un moment donné changer de camp : trahison pour les uns, ouverture pour les autres. Même quand elles recoupent largement le clivage traditionnel gauche-droite, ces coalitions portent souvent des noms spécifiques dans une certaine période, afin de mobiliser une population donnée dans une conjoncture donnée.

1. Qui a dit : « Je suis républicain de gauche. Je ne fais appel qu'aux voix de gauche. J'entends gouverner à gauche avec une majorité de gauche » ?

a. François Mitterrand
b. Léon Blum
c. Pierre Mauroy
d. Gaston Doumergue

Gaston Doumergue

Léon Blum

2. Dans le paysage politique français actuel, quelle est la différence entre le Front de gauche et le Parti de gauche ?

....
....
....

3. ***Le Monde*** **a publié, après certains scrutins politiques français importants, des suppléments en donnant résultats et commentaires. Associez chaque titre de la liste au scrutin correspondant.**

Titres	Scrutins
« La droite sans partage » •	• Municipales mars 1983
« Le défi du changement » •	• Législatives mars 1986
« Du séisme au raz de marée » •	• Législatives juin 1988
« Le président désavoué » •	• Européennes juin 1989
« L'embellie des Verts » •	• Législatives mars 1993
« L'avertissement à la gauche » •	• Présidentielle avril-mai 1995
« Une majorité à inventer » •	• Législatives mai-juin 1997
« Le retour de la droite » •	• Présidentielle avril-mai 2002

4. Arcs de triomphe ? François Bayrou souhaite une coalition « arc central » et Vincent Peillon souhaite une coalition « arc-en-ciel » : quelles sont les différences dans les compositions de ces deux coalitions politiques ?

a. l'« arc central » : ....

....

b. l'« arc-en-ciel » : ....

....

5. Qui a été appelé « l'idiot utile du sarkozysme » ?

....

6. Parmi ces personnalités réputées proches de Nicolas Sarkozy, l'une fait figure d'intrus. Trouvez laquelle et dites pourquoi.

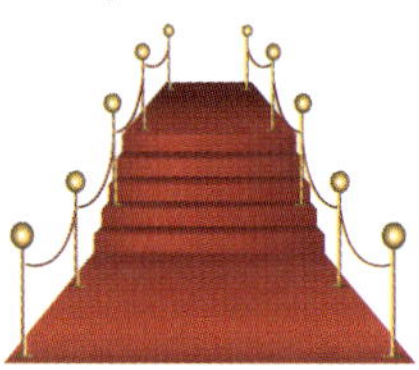

a. Bernard Arnault
b. Vincent Bolloré
c. Martin Bouygues
d. Serge Dassault
e. Rachida Dati

7. Classez par ordre chronologique d'usage (de la plus ancienne à la plus récente) ces dénominations d'alliances électorales incluant les socialistes :

a. Front populaire
b. Front républicain
c. Union de la gauche
d. Gauche plurielle
e. Cartel des gauches

....

Cartels

Contrairement à l'anglais, le français ne donne pas le même sens au mot cartel *en économie et en politique. Outre-Manche, un cartel est presque toujours une entente générale visant à supprimer ou à atténuer la concurrence, de manière plus ou moins légitime. Chez nous, cette acception ne vaut qu'en matière économique. En politique, un cartel ne cherche pas à contourner la concurrence, mais au contraire à l'organiser par une alliance nouée contre une autre alliance. C'est ainsi que l'on a connu le Cartel des gauches, mais aussi le « cartel des non ». Cette dernière appellation, officieuse, servait davantage à ses adversaires qu'à ses membres pour désigner la coalition de fait constituée en 1962 dans l'opposition à la réforme constitutionnelle par référendum, instituant l'élection du président de la République au suffrage universel : on retrouve alors le parfum d'illégitimité du mot* cartel*, puisqu'il s'agissait bien de dénoncer une alliance réputée « contre nature » entre divers partis unis seulement dans un refus. On a reparlé de « cartel des non » depuis lors, dans d'autres conjonctures référendaires, toujours avec cette connotation péjorative.*

Les acteurs : politiciens et citoyens

Tout le monde peut jouer un rôle dans la vie politique. Les principales distinctions peuvent être opérées entre les professionnels et les amateurs, entre les citoyens et les non-citoyens, ou encore entre les participants et les non-participants (dont la passivité peut être lourde de conséquences dans certaines conjonctures). Mais pour l'essentiel, la vie politique s'organise largement autour d'un échange entre politiciens (candidats, élus, dirigeants) et électeurs : on échange du pouvoir contre du discours, mais en dernière analyse, on recherche de la légitimité – chacun trouvant dans le discours ou dans le vote de l'autre de quoi justifier ce qu'il est.

La diversité des intervenants politiques

Ne pas aller voter, c'est encore voter – contre le vote, contre ses règles ou contre une certaine offre électorale. Ne pas aller manifester, c'est encore manifester – manifester sa non-mobilisation. Ne pas regarder une émission politique à la télévision, c'est contribuer à faire baisser la mesure de son audience et donc peut-être menacer sa programmation. Si l'on s'en tient à la participation effective à la politique, la tendance est à la diversification des acteurs : une présence croissante des femmes, des immigrés, des homosexuels, des handicapés et de diverses minorités. Cette diversité croissante des intervenants va de pair avec une diversification des modes d'action : durant ces dernières décennies, on a « marché contre le SIDA », organisé des « bains de mer anti-Le Pen » ou encore occupé l'Odéon. Mais on note aussi, en matière institutionnelle, une multiplication des niveaux de gestion, une complexification des processus décisionnels, une diversification des statuts des intervenants – publics et privés – et une intervention croissante des juges. On parle de plus en plus de « gouvernance ».

1. Laquelle de ces procédures ne relève-t-elle pas de ce qu'on appelle la « démocratie participative » ?

a. budget participatif
b. référendum législatif
c. conseil de quartier
d. référendum consultatif

2. Qu'est-ce qu'un *spin doctor* ?

a. un médecin réquisitionné par le gouvernement pour les vaccinations contre la grippe H1N1
b. un conseiller en communication politique
c. un membre du Conseil supérieur de la santé publique

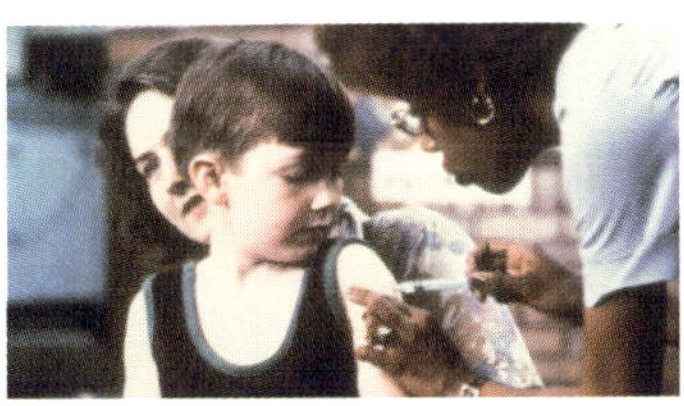

3. Qu'est-ce qu'un lobby ?

a. un passe-temps pour député désœuvré
b. un groupe de pression
c. un bâtiment réservé aux personnalités politiques dans les aéroports

4. Qu'est-ce que le PPP ?

a. le Parti populaire progressiste
b. la Procédure participative populaire
c. le Partenariat public-privé

5. Classez par ordre chronologique du plus ancien à l'actuel, les secrétaires généraux successifs de la CGT depuis trente ans.

a. Louis Viannet
b. Bernard Thibault
c. Georges Séguy
d. André Bergeron
e. Henri Krasucki

Le 49e congrès de la CGT

Le congrès constitutif de la Confédération générale du travail s'était tenu le 23 septembre 1895 à Limoges. Cent quatorze ans plus tard, son 49e congrès s'est déroulé à Nantes, à La Beaujoire – non pas dans le stade des Canaris (ce qui aurait été un comble pour des « rouges » toujours opposés aux « jaunes »), mais à Expo Nantes Atlantique. Entre-temps, un congrès de la CGT est resté célèbre : celui de 1906 à Amiens, durant lequel fut adoptée la fameuse Charte d'Amiens, réputée avoir affirmé l'indépendance syndicale vis-à-vis des organisations politiques.

6. Combien d'eurogroupes (groupes d'intérêt enregistrés auprès des instances communautaires) sont approximativement recensés ?

a. 100 b. 200 c. 300
d. 400 e. 500

7. Que signifie le sigle AAI ?

a. autorité administrative indépendante
b. allocation d'autonomie et d'intégration
c. alliance pour l'autogestion et l'internationalisme

8. Qui est le président du Conseil français du culte musulman (CFCM) ?

....
....
....

9. Quel est le nombre de groupes de pression européens à Bruxelles (recensés officiellement ou non) ?

a. quelques dizaines
b. quelques centaines
c. quelques milliers

10. Qui sont « les Sages de la rue Montpensier » ?

a. les membres du Conseil supérieur de l'audiovisuel
b. les sénateurs
c. les membres de la Haute Autorité de lutte contre les discriminations
d. les membres du Conseil constitutionnel

11. Quel est approximativement le pourcentage de femmes parmi les députés de l'Assemblée nationale ?

a. 8 % b. 18 % c. 28 %
d. 38 % e. 48 %

L'Assemblée nationale

Les femmes qui gouvernent

Aucune femme n'a été présidente de la République française. Une seule femme a été Premier ministre : Édith Cresson (socialiste, 1991-1992). Deux femmes, Ségolène Royal (socialiste, Poitou-Charentes) et Marie-Guitte Dufay (socialiste, Franche-Comté) sont présidentes sortantes de conseils régionaux, sur 22 conseils. 13,8 % des maires de communes sont des femmes, dont six parmi les 38 premiers magistrats de villes de plus de 100 000 habitants – la principale ville étant Lille, avec Martine Aubry (socialiste). Avec plus d'un quart de femmes, le premier gouvernement d'Alain Juppé (RPR) en 1995 a marqué une étape importante, mais au bout de cinq mois, huit « Jupettes » avaient été évincées. En 1997, dans le gouvernement Jospin, il y avait un tiers de femmes. Le gouvernement de François Fillon compte également un tiers de femmes.

12. **Quel est actuellement le nombre approximatif de conseillers d'État ?**

a. entre 100 et 200
b. entre 200 et 300
c. entre 300 et 400

13. À quand remonte la dernière mise en application de l'« état d'urgence » ?

a. novembre 2005
b. septembre 2001
c. mai 1968
d. juin 1958
e. mars 1956

14. **La conformité d'une loi à la constitution ne peut être mise en cause qu'entre son adoption et sa promulgation.**

a. vrai
b. faux

15. **Qu'appelle-t-on *principe de subsidiarité* ?**

....

....

16. **Depuis 2007, qui a porté plainte contre : un hebdomadaire, une compagnie aérienne, l'ancien directeur des Renseignements généraux, un ancien premier ministre, un fabriquant de tee-shirts... ?**

....

....

Les professionnels de la politique

Si une profession est une occupation, un savoir faire et une source de revenus, la politique est clairement en voie de professionnalisation constante depuis plus d'un siècle. La concurrence pour le pouvoir est de plus en plus rude, et les tâches de gestion qu'exercent ou aspirent à exercer les politiciens sont de plus en plus complexes. Les citoyens sont de plus en plus exigeants, et la médiatisation, de plus en plus accaparante. Il faut donc rétribuer les politiciens, mais ceux-ci se percevant de plus en plus comme des chefs d'entreprise et les coûts d'une carrière politique étant de plus en plus élevés, leur attente en la matière va croissant. Richard Katz et Peter Mair pensent que les partis, toutes couleurs confondues, tendent à former un cartel garantissant à leurs dirigeants une sorte d'assurance mutuelle à travers le financement de la politique par un État de plus en plus aux mains des organisations partisanes et de leurs dirigeants. Mais certains candidats ou ministres se présentent comme extérieurs au monde politicien et se réclament d'une « société civile », dont les contours sont incertains, et d'une « réussite professionnelle » d'une autre nature.

1. Associez le nom de chaque femme politique à son parti politique.

Michèle Alliot-Marie

a. Rama Yade •
b. Marielle de Sarnez •
c. Nathalie Arthaud •
d. Cécile Duflot •
e. Marine Le Pen •
f. Ségolène Royal •
g. Martine Aubry •
h. Marie-George Buffet •
i. Michèle Alliot-Marie •

• A. Parti socialiste
• B. Les Verts
• C. UMP
• D. Front national
• E. Parti communiste français
• F. Lutte ouvrière
• G. MoDem

2. Associez le nom de chaque homme politique à son parti politique.

Hervé Morin

a. Jean-Marie Le Pen •
b. Robert Hue •
c. Olivier Besancenot •
d. François Bayrou •
e. Xavier Bertrand •
f. Nicolas Sarkozy •
g. Jean-Luc Mélenchon •
h. Hervé Morin •

• A. MoDem
• B. UMP
• C. Front national
• D. Nouveau Parti anticapitaliste
• E. Parti de gauche
• F. Parti communiste français
• G. Nouveau Centre

3. Quel était le titre exact de Martin Hirsch au sein du gouvernement ?

....

....

4. Sous la Ve République, quel ministre de l'Économie est resté le plus longtemps en fonction de manière continue ?

....

....

5. Dans la famille Debré, je voudrais… (donner le prénom) :

a. l'ancien Premier ministre :

....

b. le président du Conseil constitutionnel :

....

c. le député de Paris :

....

6. Quel est le point commun entre (notamment) Éric Besson, Bertrand Delanoë, Julien Dray, Ségolène Royal, Philippe Séguin, Dominique Strauss-Kahn ?

....

Les ministres de l'Économie depuis trente ans

En trente ans, dix-sept ministres se sont succédé au Louvre, puis à Bercy. Un seul y est revenu : Pierre Bérégovoy. Soit une moyenne de longévité inférieure à deux ans.

René Monory – Jacques Delors – Pierre Bérégovoy – Édouard Balladur – Pierre Bérégovoy – Michel Sapin – Edmond Alphandéry – Alain Madelin – Jean Arthuis – Dominique Strauss-Kahn – Christian Sautter – Laurent Fabius – Francis Mer – Nicolas Sarkozy – Hervé Gaymard – Thierry Breton – Jean-Louis Borloo – Christine Lagarde.

7. **Corinne Lepage est présidente :**

a. de Cap 21 b. de Cap 2000

8. **Quel est le nom du président de l'Assemblée nationale élu en 2007 ?**

....

9. **Donnez le nom de la personne désignée par les initiales suivantes :**

a. MAM : ....
b. DSK : ....
c. PMF : ....
d. JJSS : ....
e. JMLP : ....
f. JMB : ....

10. **Jean-Louis Borloo est président du Nouveau Centre.**

a. vrai b. faux

11. **Bertrand Delanoë est président de Cités et gouvernements locaux unis (CGLU).**

a. vrai b. faux

12. **Quel poste occupe Jean-Pierre Jouyet depuis sa sortie du gouvernement, dans lequel il était secrétaire d'État aux affaires européennes, en décembre 2008 ?**

Jean-Pierre Jouyet

....
....
....

13. **Gaston Flosse est ou a été :**

a. président du gouvernement de la Polynésie française.
b. secrétaire d'État chargé du Pacifique.
c. président du Tahoeraa huiraatira (Rassemblement du peuple).

La France d'outre-mer

Elle comprend, début 2010, quatre départements d'outre-mer, qui sont aussi des régions d'outre-mer (Guadeloupe, Martinique, Guyane, Réunion) ; six collectivités d'outre-mer (Polynésie française, Saint-Pierre-et-Miquelon, Wallis-et-Futuna, Mayotte, Saint-Martin, Saint-Barthélemy) ; une collectivité à statut particulier (Nouvelle-Calédonie) ; un territoire d'outre-mer à statut particulier (terres Australes et antarctiques françaises) ; une propriété domaniale de l'État (Clipperton).

14. **Quoi de commun entre Anne-Marie Idrac et Hervé de Charette ?**

....
....
....
....

15. **Jack Lang est président du Conseil d'analyse de la société.**

a. vrai b. faux

16. **Ancienne ministre de la Culture, Christine Albanel est aujourd'hui :**

a. présidente du Conseil supérieur de l'audiovisuel
b. chargée de mission sur la numérisation des livres et la lutte contre le piratage des contenus dans l'édition
c. présidente de l'Office parlementaire d'évaluation des choix scientifiques et technologiques
d. juge à la Cour européenne des droits de l'homme (CEDH)
e. présidente des Clubs perspectives et réalités

17. **Quel homme politique a été « émissaire spécial » de Nicolas Sarkozy, successivement à Cuba et en Corée du Nord ?**

a. Jean-Pierre Raffarin
b. Jack Lang
c. Robert Hue
d. Michel Rocard
e. Michel Charasse

18. **Madame est maire de Bollène, Monsieur est maire d'Orange. De qui s'agit-il ?**

....

....

19. **Plusieurs Français dirigent de grandes institutions internationales. Qui dirige quoi ?**

a. Jean-Claude Trichet •	• A. Banque centrale européenne (BCE)
b. Dominique Strauss-Kahn •	• B. Fonds monétaire international (FMI)
c. Pascal Lamy •	• C. Organisation mondiale du commerce (OMC)

20. **De quelle région Victorin Lurel est-il le président ?**

....

21. **Qui est vice-présidente du MoDem ?**

a. Marielle de Sarnez
b. Christiane Taubira
c. Laurence Parisot

22. **Qui est le secrétaire général de la présidence de la République ?**

a. Claude Guéant b. Henri Guaino

23. **Qui est le conseiller général du canton Neuilly-Sud ?**

a. Jean Sarkozy
b. Patrick Balkany
c. Isabelle Balkany
d. Charles Pasqua
e. Patrick Devedjian

Les élections municipales de mars 2008

Les dernières élections municipales ont été marquées par de bons résultats pour la gauche, qui a gagné de nombreuses mairies. Mais quelques autres ont suivi le chemin inverse, passant de la gauche à la droite.
Au premier tour : Breuillet, Chaumont, Douarnenez, Le Puy-en-Velay, Vaires-sur-Marne.
Au second tour : Agen, Bollène, Calais, Chaville, Châtellerault, Concarneau, L'Isle-sur-la-Sorgue, Landerneau, Longwy, Mont-de-Marsan, Montfort-sur-Meu, Morlaix, Mulhouse, Nemours, Pornichet, Olonne-sur-Mer, Saumur, Quimperlé, Tournon-sur-Rhône, Saint-Michel-sur-Orge.

24. **Associez le nom de la ville et le nom de son maire :**

a. Jean-François Copé •	• A. Marseille
b. Christian Estrosi •	• B. Bordeaux
c. Martine Aubry •	• C. Lille
d. Jean-Claude Gaudin •	• D. Meaux
e. Bertrand Delanoë •	• E. Lyon
f. Alain Juppé •	• F. Nice
g. Gérard Collomb •	• G. Paris

la Grand-Place de Lille

25. **Retrouvez le président sortant (début 2010) de chacune de ces régions parmi les noms cités :**

a. Basse-Normandie	A. Laurent Beauvais
b. Champagne-Ardenne	B. Jacques Meyer
c. Picardie	C. Claude Gewerc
d. Centre	D. François Bonneau
e. Franche-Comté	E. Marie-Guite Dufay
f. Poitou-Charente	F. Ségolène Royal
g. Île-de-France	G. Jean-Paul Huchon
h. Provence-Alpes-Côte d'Azur	H. Michel Vauzelle
i. Rhône-Alpes	I. Jean-Jack Queyranne

Les élections régionales de mars 2004

Principaux scores nationaux aux premier et second tour (scores supérieurs à 1 %) :
Gauche : 39,1 %/ 49,9 %
Droite : 33,7 %/ 36,8 %
Front national : 14,7 %/ 12,4 %
Extrême gauche : 4,9 %
Chasse, pêche, nature et traditions : 1,6 %
Écologistes hors gauche : 1,6 %
Extrême droite hors FN : 0,7 %
Divers gauche : 1 %.

26. **Qu'est-ce que *pantoufler* dans la haute fonction publique ?**

a. partir à la retraite
b. quitter la fonction publique pour rejoindre une entreprise
c. accepter une fonction sans réel contenu

Saviez-vous que l'École nationale d'administration comporte un tiers d'élèves étrangers et un millier d'intervenants ?

En 2008, la formation initiale concernait 81 élèves français et 39 élèves étrangers du cycle international long. Plus de mille intervenants extérieurs assurent les enseignements.

27. **C'est la Haute Cour de justice qui juge les membres du gouvernement pour des crimes ou délits perpétrés dans l'exercice de leurs fonctions.**

a. vrai b. faux

28. **Quel était le nombre de conseillers régionaux communistes élus en 2004 ?**

a. entre 80 et 100
b. entre 180 et 200
c. entre 280 et 300
d. entre 380 et 400

29. **Quel était le nombre de membres de cabinets ministériels à la mi-2009 ?**

a. entre 120 et 140
b. entre 220 et 240
c. entre 320 et 340
d. entre 420 et 440
e. entre 520 et 540
f. entre 620 et 640

30. **Qui a dit : « L'essence est trop chère ? Que les Français circulent à vélo ! » ?**

a. Gérard Collomb
b. Nicolas Hulot
c. Christine Lagarde
d. Noël Mamère
e. Dominique Voynet

Les acteurs ordinaires de la politique

Les ressorts du comportement électoral sont à présent bien connus, que ce soit dans sa dimension socioculturelle – chaque groupe d'âge, de genre, de profession, de religion, de revenus, etc., influence les représentations mentales et donc les votes de ses membres – ou dans sa dimension socio-individuelle – l'électeur vote en fonction de ses émotions et de ses passions, et en fonction de ce qu'il perçoit comme étant son intérêt dans une conjoncture donnée. L'accroissement de la volatilité électorale est généralement présenté comme le résultat d'un affaiblissement de la première dimension au profit de la seconde. L'augmentation de l'abstention doit être relativisée, la vitalité de la participation électorale étant en France loin de relever seulement du passé. Et puis, au-delà du vote, les acteurs ordinaires de la politique, électeurs ou non-électeurs, interviennent de multiples façons : débats de lycéens, brèves de comptoir, insultes dans les stades, discussions dans les repas de famille, incendies de voitures ou de poubelles, tenues vestimentaires et pratiques langagières… Il y a mille façons d'occuper sa place, consciemment ou non, dans la vie politique.

1. Durant les années de plus fort vote pour le Front national, la Bretagne et le Nord-Pas-de-Calais ont été parmi les régions ayant donné à ce parti ses meilleurs scores.

a. vrai
b. faux

Les voix de Jean-Marie Le Pen aux élections présidentielles

1974 : 0,75 %
1981 : il ne peut pas être candidat, faute d'un nombre suffisant de parrainages
1988 : 14,38 %
1995 : 15,10 %
2002 : 16,86 % au premier tour et 17,79 % au second tour
2007 : 10,44 %

2. Les élections dites « intermédiaires » sont favorables à l'abstention et au vote pour les partis d'opposition.

a. vrai
b. faux

3. Les plus jeunes votent généralement plus à gauche et les plus âgés plus à droite.

a. vrai
b. faux

4. Dans quelle proportion approximative les ouvriers ont-ils voté *non* au référendum sur le Projet de traité constitutionnel européen de mai 2005 ?

a. 80 %　　c. 40 %
b. 60 %　　d. 20 %

5. D'une manière générale, durant ces deux dernières décennies, les ouvriers votent-ils pour le Front national plus ou moins que l'ensemble de l'électorat français ?

a. plutôt plus
b. plutôt moins

6. Les ouvriers ont-ils voté majoritairement Royal ou Sarkozy au deuxième tour de l'élection présidentielle de 2007 ?

a. majoritairement Royal
b. majoritairement Sarkozy

7. Qui a dit : « Les promesses n'engagent que ceux qui les reçoivent » ?

a. François Bayrou
b. Daniel Cohn-Bendit
c. Jacques Chirac
d. Bernard Tapie

8. En quoi consiste un SSU (sondage sortie des urnes) ?

a. un prélèvement d'échantillons de bulletins de vote au moment du dépouillement
b. l'interrogation d'un échantillon d'électeurs venant de voter

Saviez-vous que l'IFOP est septuagénaire ?

L'Institut français d'opinion publique (IFOP), dont l'activité la plus visible réside dans l'organisation de sondages politiques pour la presse et les politiciens, a été fondé en décembre 1938 par Jean Stoetzel, sur le modèle de l'institut américain Gallup. Il est aujourd'hui dirigé par Laurence Parisot, par ailleurs présidente du Medef.

9. À combien estime-t-on approximativement le nombre d'enquêtes par sondage effectuées à l'occasion de l'élection présidentielle de 2007 ?

a. 100
b. 200
c. 300
d. 400

10. Qui, à la veille de son premier Noël à la présidence de la République, le 24 décembre 1974, Valéry Giscard d'Estaing reçoit-il à l'Élysée ?

....
....
....

Les références : la mobilisation de la mémoire

La politique se ramène toujours à du discours, ce qui ne signifie nullement qu'elle serait irréelle ou négligeable, bien au contraire. Le discours politique cherche à légitimer, à mobiliser et à combattre, à dire les clivages et les camps. Pour ce faire, il multiplie les références à la mémoire, notamment celle des événements et des personnes, mais aussi celle des discours antérieurs. Comprendre la vie politique française, c'est savoir se repérer dans les citations, les évocations et les invocations.

Les événements, les lieux et les dates

Mettre une époque, un endroit, un fait historique de son côté ou le rejeter dans le camp adverse, voilà un enjeu majeur du discours politique. Dans le premier cas, le côté supposé positif de l'événement ou de la période, pour tout ou partie de la population, est censé constituer une ressource pour celui qui s'en réclame. Dans le second cas, rejeter le concurrent vers des moments de l'Histoire réputés négatifs, là encore pour tout ou partie de la population, c'est chercher à le stigmatiser. Mais il n'est bien sûr pas interdit de tenter de changer l'image d'un événement ou d'une époque, pour se débarrasser d'un passé gênant. D'où les stratégies de brouillage des repères historiques, si spectaculairement présents dans l'actualité politique française la plus récente.

1. Quelle place ces villes occupent-elles dans l'histoire politique française contemporaine ?

a. Bayeux : ....
....
b. Carmaux : ....
....
c. Dreux : ....
....

L'Esclavage au Brésil *par Jean-Baptiste Debret*

2. Qui a dit : « Chirac est un De Gaulle sans 18 juin mais disponible pour un 13 mai » ?

....
....

Charles De Gaulle et Winston Churchill pendant la Seconde Guerre mondiale

Le 13 mai 1958

Ce jour-là, à Alger, un « comité de vigilance » appelle à manifester contre le FLN. La manifestation tourne à l'émeute, avec occupation du Gouvernement général et création d'un « comité de salut public » présidé par le général Massu, qui lancera un appel au général de Gaulle deux jours plus tard. C'est le commencement de la fin pour la IVe République. Considéré par certains comme un coup d'État, le « 13-Mai » est le tournant qui conduit à la naissance de la Ve République.

3. Quel est le rapport entre les deux villes d'Épinay-sur-Seine et de Tours, du point de vue de l'histoire politique française ?

....
....
....
....

4. Qui a dit : « Ce n'est pas à la loi d'écrire l'Histoire » ?

....

5. Classez par ordre chronologique ces événements de l'histoire politique française couramment dénommés par leur date (jour et mois) sans année (de la plus ancienne à la plus récente année).

a. 6 février	Le plus ancien : ....
b. 22 mars	....
c. 21 avril	....
d. 10 mai	....
e. 13 mai	....
f. 16 mai	....
g. 18 juin	....
h. 14 juillet	....
i. 4 août (nuit du)	....
j. 11 novembre	....
k. 2 décembre	Le plus récent : ....

6. Ces lieux sont directement associés à la vie de François Mitterrand, sauf un. Lequel est-ce ?

a. les jardins de l'Observatoire
b. l'hôtel du Vieux-Morvan
c. Latché
d. la rue de Bièvre
e. la Roche de Solutré
f. la Tour Eiffel
g. la Pyramide du Louvre

7. Pourquoi à une certaine époque on évita de servir des petits pois à la Clamart à l'Élysée, et à une autre, du bar grillé à Matignon ?

....
....
....
....

Napoléon III par Franz-Xaver Winterhalter

Les personnages et leur image

L'utilisation de l'image qui reste d'une personnalité politique décédée, retirée ou éloignée, ou que l'on retient d'une période majeure de son activité publique constitue souvent un enjeu important. On fait parler le mort, l'absent ou le distant – c'est la prosopopée – ou on se contente de l'évoquer plus ou moins directement – par son nom, son portrait, une phrase célèbre de lui, un lieu qui parle de lui. Mais là encore, rien n'interdit de mobiliser un politicien réputé du camp adverse. Et le meilleur moyen de soigner l'image qu'on laissera est bien sûr d'y veiller durant son temps d'activité politique.

1. Retrouvez et classez les dix-huit Premiers ministres de la Ve République par ordre chronologique, de 1959 à 2009. (Attention, l'un deux a occupé la fonction durant deux périodes distinctes.)

a. Édouard Balladur — Le plus ancien : ....
b. Raymond Barre — ....
c. Pierre Bérégovoy — ....
d. Jacques Chaban-Delmas — ....
e. Jacques Chirac — ....
f. Maurice Couve de Murville — ....
g. Édith Cresson — ....
h. Michel Debré — ....
i. Laurent Fabius — ....
j. François Fillon — ....
k. Dominique Galouzeau de Villepin — ....
l. Lionel Jospin — ....
m. Alain Juppé — ....
n. Pierre Mauroy — ....
o. Pierre Messmer — ....
p. Georges Pompidou — ....
q. Jean-Pierre Raffarin — ....
r. Michel Rocard — Le plus récent : ....

2. Qu'appelle-t-on un *colbertiste* ?

a. un spécialiste de Colbert
b. un partisan d'un pouvoir politique central actif en matière économique
c. un amateur d'objets ayant appartenu à Colbert
d. un chasseur de canards

Portrait de Colbert par Claude Lefebvre

3. Dans son discours de La-Chapelle-en-Vercors, le 12 novembre 2009, Nicolas Sarkozy a fait référence à Marc Bloch dans le cadre du débat sur l'« identité nationale ». Qui lui a publiquement dénié le droit d'enrôler ainsi le grand historien ?

a. le vice-président de la Société des agrégés
b. le secrétaire général de l'Association des professeurs d'histoire-géographie
c. la petite-fille de Marc Bloch
d. le président de la Ligue des droits de l'homme

Le débat sur l'identité nationale

C'est à l'initiative d'Éric Besson, en charge d'un ministère de l'identité nationale, qu'est lancé à l'automne 2009 un grand débat autour de la question : « Qu'est-ce qu'"être Français" aujourd'hui ? » Tel est l'objet de ce « débat sur l'identité nationale », qui passe par des contributions apportées sur un site Internet dédié et par des réunions organisées sur l'ensemble du territoire, notamment dans les préfectures. Cette entreprise a été dénoncée comme visant à séduire l'électorat d'extrême droite à la veille des élections régionales. Sa pertinence a été contestée jusque dans les rangs de la majorité, notamment à la suite de ce qu'on a appelé des « débordements ».

4. Qui a dit : « Je ne permets à personne, même à ceux qui m'ont suivi fidèlement, de se servir de mon nom, fût-ce sous la forme d'un adjectif » ?

....

5. De qui parlait François Mitterrand en ces termes : « ...ce rhéteur du complément direct qui n'a jamais poussé sa grammaire jusqu'au conditionnel... » ?

a. Jacques Chirac
b. Georges Marchais
c. Antoine Pinay
d. Guy Mollet

6. Quelles fonctions Pierre Laval a-t-il exercées durant la IVe République ?

....

....

....

....

Pierre Laval et le maréchal Philippe Pétain

La IVe République

C'est le régime politique de la France dans la période de l'après-guerre. La Constitution, préparée par une Assemblée constituante, est adoptée par référendum le 13 octobre 1946. Douze ans plus tard, un nouveau référendum entérinera une nouvelle constitution voulue par le général de Gaulle. Il s'agit d'un régime parlementaire bicaméral, proche du précédent – celui de la IIIe République. Le président de la République est élu par le Parlement et son rôle est largement honorifique. L'essentiel du pouvoir est entre les mains du gouvernement et de son président du Conseil, investi par l'Assemblée nationale. Le Sénat a été remplacé par un Conseil de la République moins puissant. Vingt-quatre gouvernements se sont succédé durant ces douze années, soit avec une durée moyenne de six mois.

7. Trouvez les auteurs de ces citations, et les mots qui y manquent.

a. « Un ministre, ça ferme sa ________________, si ça veut l'ouvrir, ça démissionne »

....

b. « J'interviens aujourd'hui à cette tribune, ministre de la ________________, femme et non-________________ »

....

c. « Qui sème la ________________ récolte le ________________ »

....

d. « ________________, ________________ qui corrompt, ________________ qui achète, ________________ qui écrase, ________________ qui tue, ________________ qui ruine, et ________________ qui pourrit jusqu'à la conscience des hommes ! »

....

e. « Les prévisions sont difficiles, surtout quand elles concernent ________________ »

....

f. « Je veux que l'on sache que vis-à-vis de la ________________ et des ________________, je dispose d'une réserve inépuisable de mépris »

....

g. « Aucun ________________ n'est réservé au chef de l'État, et il n'y a pas non plus de ________________ qui lui soient interdits »

....

h. « La ________________ musclée n'est jamais aussi forte que dans les malheurs de la ________________ Au besoin, elle les fabrique »

....

8. Associez le nom d'un homme politique à chacune de ces formules.

a. « Je vous ai compris »

....

b. « Livrer aux chiens l'honneur d'un homme »

....

c. « Prêt à assumer les pouvoirs de la République »

....

d. « J'aurai peut-être, si Dieu le veut, un destin national, mais c'est autre chose »

....

e. « Le gouvernement qui nous divise le moins »

....

f. « Que les méchants tremblent »

....

g. « Oui, c'est l'Europe, depuis l'Atlantique jusqu'à l'Oural »

....

h. « Comme responsable, je vais vous parler du bon choix »

....

i. « Sauter sur sa chaise comme un cabri »

....

j. « Combien c'est beau, combien c'est grand, combien c'est généreux la France ! »

....

k. « Une certaine idée de la France »

....

l. « Monsieur Mitterrand, vous n'avez pas le monopole du cœur »

....

m. « Il n'y a que des Français à part entière »

....

n. « Inaugurer les chrysanthèmes »

....

o. « La réforme, oui. La chienlit, non ! »

....

p. « Croit-on qu'à 67 ans, je vais commencer une carrière de dictateur ? »

....

q. « Laisser le temps au temps »

....

r. « Ce qui est à redouter, [...] c'est plutôt le trop-plein »

....

9. Qui a dit : « Le général de Gaulle est mort, la France est veuve » ?

....

10. Quelle personnalité politique refuse d'être photographiée en train de manger ?

....

11. Quel homme politique initia la distribution de lait aux enfants des écoles ?

a. Jean-Pierre Chevènement
b. Jacques Chirac
c. Laurent Fabius
d. Pierre Mendès France
e. Pierre Poujade
f. Jean Raffarin

La stratégie discursive en politique

Lénine pendant son discours lors du premier anniversaire de la Révolution d'Octobre

La politique ne serait-elle qu'affaire de mots ? Non, elle utilise d'autres langages : la gestuelle, la musique, la symbolique des couleurs et des emblèmes, l'architecture ou encore tout ce qui relève de l'*ethos* du politicien. Mais il est vrai que les mots occupent une place importante. Le même mot peut ne pas avoir le même sens pour tout le monde ou dans tous les contextes : on jouera de la polysémie pour rassembler le plus largement possible, au risque de la confusion. Deux mots différents peuvent avoir le même sens, mais on s'efforcera de leur attribuer des significations différentes ici et là : on produira alors de la distinction pour mobiliser son camp contre le camp adverse, au risque cette fois-ci de l'artificialité. La création de néologismes, l'emploi de mots rares ou au contraire triviaux remplissent la même fonction. La métaphore, quant à elle, vise à la sensibilisation et à la mobilisation. Il n'est pas jusqu'à l'insulte qui n'ait sa place dans la panoplie politicienne.

1. Qui a dit, dans une interview au *Monde*, fin 2009 : « Désormais, on appelle *réforme* n'importe quelle régression » ?

a. Jean-François Kahn
b. Jean-Marie Le Pen
c. Jean-François Copé
d. Bernard Tapie

Réformistes et réformateurs

Dans la culture politique française, réformiste *s'oppose essentiellement à* révolutionnaire, *même si beaucoup de réformistes se sont considérés comme étant également révolutionnaires. Ainsi, le parti socialiste français s'est longtemps dit révolutionnaire dans l'objectif – un profond changement de la société – mais réformiste dans les moyens – l'accomplissement de ce changement de façon graduelle et dans le cadre de la démocratie représentative. Jean Jaurès, Léon Blum, Guy Mollet et dans une certaine mesure François Mitterrand ont revendiqué cette démarche. Le qualificatif* réformateur *n'a par contre été revendiqué que par des partisans de changements limités, sans remise en cause du système social existant. Ainsi, un Mouvement réformateur a existé dans les années 1970 autour de Jean Lecanuet et Jean-Jacques Servan-Schreiber. Plus récemment, à partir de 2002, des élus et des militants de l'UMP se sont rassemblés à l'intérieur de ce parti sous l'étiquette réformatrice, avec un programme totalement « libéral ».*

2. UDF est une marque déposée.

a. vrai b. faux

3. Que signifient ces trois adjectifs dérivés du nom de Nicolas Sarkozy ?

a. sarkophile ....
....
....
b. sarkophobe ....
....
....
c. sarkophage ....
....
....
d. sarkocompatible ....
....
....

4. Qui a dit : « Le système dit *libéral* [...] porte son nom indûment, car *libéral* laisse penser à la liberté [...]. La liberté n'existe pas lorsqu'on est dans la jungle » ?

a. Arlette Laguiller
b. Nicolas Sarkozy
c. François Mitterrand
d. Olivier Besancenot
e. Jean-Marie Le Pen
f. François Bayrou

Arlette Laguiller

François Bayrou

5. Qui désigne-t-on comme *jacobin* dans la vie politique française ? Et quel est l'antonyme de cet adjectif ?

....
....
....

6. À quelle légitimité étaient attachés les *légitimistes* ?

....
....

7. Quelle différence y a-t-il entre *gaulliste* et *gaullien* ?

....
....
....

8. Depuis la Révolution, la France a connu trois chartes à valeur constitutionnelle. À quelles dates ?

a. ....
b. ....
c. ....

La Prise de la Bastille, *Jean-Pierre Houël*

9. Où Ségolène Royal a-t-elle vanté la « bravitude » ?

....
....

10. Qui, dans la vie politique contemporaine, a utilisé chacun des mots suivants ?

a. inénervable : ....
b. abracadabrantesque : ....

11. Qui aurait dit : « C'est en effet un joli nom d'emprunt » ?

....
....

12. Qui a dit : « J'ai un grand souci de la langue française » ?

a. Jean-Marie Le Pen
b. Ségolène Royal
c. Georges Marchais
d. François Mitterrand
e. Nicolas Sarkozy

13. Qui a dit : « Le Premier ministre, comme l'indique son nom, n'est que le premier des ministres » ?

a. Georges Pompidou
b. Nicolas Sarkozy
c. François Fillon
d. Édith Cresson
e. Valéry Giscard d'Estaing

Georges Pompidou, 1960

Valéry Giscard d'Estaing

Les grands emprunts

Dans son message aux députés et sénateurs réunis à Versailles le 22 juin 2009, Nicolas Sarkozy a annoncé le lancement d'un grand emprunt. D'autres grands emprunts nationaux ont marqué l'histoire politique de ces dernières décennies, notamment : l'Emprunt Pinay lancé par le gouvernement d'Antoine Pinay en 1952, l'Emprunt Giscard lancé par le ministre de l'Économie Valéry Giscard d'Estaing en 1973, l'Emprunt Balladur lancé en 1993 par le gouvernement d'Édouard Balladur.

14. Quel est le titre du principal responsable des partis politiques suivants ?

a. Parti socialiste : ....
b. Les Verts : ....
c. Front national : ....
d. Lutte ouvrière : ....

15. Quel fruit est attaché à la campagne présidentielle de Jacques Chirac en 1995 ?

....

16. Que signifie le sigle DATAR ?

a. direction de l'aviation et du transport aérien régional
b. délégation interministérielle à l'aménagement du territoire et à l'attractivité régionale
c. délégation à l'aménagement du territoire et à l'action régionale
d. direction des attachés territoriaux et des auxiliaires réguliers

17. Quelle fut la première grande réunion de négociation appelée « Grenelle » après 1968 ?

....
....

Vaste programme !

On dit que, face à une inscription Mort aux cons !, *le général de Gaulle aurait répondu : « Vaste programme ! ».*

18. Qui a écrit : « Au lieu de contribuer, à travers diverses œuvres de charité, au maintien des conditions existantes, il faudrait créer un ordre juste, dans lequel tous recevraient leur part des biens du monde et n'auraient donc plus besoin des œuvres de charité. »

....
....
....

19. *Ostensible* : À quoi se rapporte cet adjectif, utilisé dans la loi du 15 mars 2004 ?

....
....
....
....
....

20. « Vieilli », « fatigué », « usé » : Qui parle ainsi ? De qui ?

....
....
....
....
....
....

21. « Je suis ici par la volonté d'un homme » : Qui parle ainsi ? De qui ?

....
....
....
....
....

La Constitution : la mère de toutes les règles

Parlement européen

Les Allemands parlent de Loi fondamentale (*Grundgesetz*). Les Français parlent de Constitution, et en la matière, leur expérience historique est particulièrement riche. Depuis le premier texte de cette nature jusqu'à aujourd'hui, ils ont connu quinze documents organisant les pouvoirs publics, et même vingt-deux si l'on compte ceux qui n'ont pas eu le temps d'être appliqués. Tous ne sont pas dénommés « Constitution », mais tous sont des constitutions, au sens générique du terme. Celle qui nous régit aujourd'hui répond bien à la définition : sur les plans à la fois pratique et symbolique, elle est bien le texte fondamental qui régit la vie politique. Tout est fait pour lui donner un caractère particulier. Elle occupe le sommet de l'ordre juridique interne. Et c'est bien pourquoi nous lui consacrons ici un chapitre particulier, même si l'on a déjà eu l'occasion d'évoquer quelques aspects de son contenu au milieu des multiples sortes de règles qui ordonnent la conquête et l'exercice du pouvoir en France.

Stabilité et instabilité du texte constitutionnel

Bien qu'on continue de l'appeler officiellement « Constitution du 4 octobre 1958 », notre loi fondamentale a été modifiée à de multiples reprises – mais elle est couramment désignée comme étant la « Constitution de la Ve République ». Ce texte, structuré en titres et en articles numérotés, a donc toute une histoire. S'il y a des changements assez fréquents, certains des principes énoncés sont fort anciens.

1. La Constitution du 4 octobre 1958 s'appelle ainsi parce qu'elle a été approuvée par référendum à cette date.

a. vrai
b. faux

2. Les Français sont-ils nécessairement consultés par référendum pour toute révision de la Constitution ?

a. oui
b. non

3. Le Parlement est-il nécessairement consulté pour toute révision de la Constitution ?

a. oui
b. non

4. Le Conseil constitutionnel peut dorénavant contrôler la régularité de la procédure de révision de la Constitution.

a. vrai
b. faux

Quelques révisions constitutionnelles majeures

Parmi les principales révisions constitutionnelles intervenues depuis 1962, on citera les suivantes : élection du président de la République au suffrage universel, en 1962 ; possibilité pour 60 députés ou 60 sénateurs de déférer une loi au Conseil constitutionnel, en 1974 ; création de la Cour de justice de la République, en 1993 ; élargissement des possibilités de recours au référendum, en 1995 ; avenir de la Nouvelle-Calédonie, en 1998 ; dispositions relatives à l'égalité entre les femmes et les hommes, en 1999 ; passage du septennat au quinquennat, en 2000 ; charte de l'environnement, en 2005 ; responsabilité du président de la République, en 2007 ; « modernisation des institutions de la Ve République », en 2008.

5. Complétez le texte du premier paragraphe du *Préambule de la Constitution*.

« Le peuple français proclame solennellement son attachement aux droits de l'homme et aux principes de la souveraineté nationale tels qu'ils ont été définis par la ______________, confirmée etcomplétée par le ________________, ainsi qu'aux droits et devoirs définis dans la ________________ »

Représentation de la Déclaration des droits de l'homme et du citoyen de 1789

6. L'article stipulant que *la langue de la République est le français* a été abrogé, par application du traité d'Amsterdam.

a. vrai
b. faux

7. La Constitution apporte-t-elle des limites à la liberté des partis politiques ?

a. oui
b. non

8. Complétez le texte de l'article premier de la Constitution.

« La France est une République indivisible, ________________, démocratique et sociale. Elle assure l'égalité devant la loi de tous les citoyens sans distinction d'origine, de ________________ ou de religion. Elle respecte toutes les ________________. Son organisation est ________________. La loi favorise l'égal accès des femmes et des hommes aux mandats électoraux et fonctions électives, ainsi qu'aux responsabilités ________________ et sociales. »

9. Que dit l'article 3 *in fine* de la Constitution ?

a. « Sont électeurs, dans les conditions déterminées par la loi, toutes les personnes des deux sexes résidant en France, jouissant de leurs droits civils et politiques. »
b. « Sont électeurs, dans les conditions déterminées par la loi, tous les nationaux français majeurs des deux sexes, jouissant de leurs droits civils et politiques. »
c. « Sont électeurs, dans les conditions déterminées par la loi, tous les nationaux français majeurs des deux sexes, n'ayant subi aucune condamnation pénale. »

Le président : arbitre ou chef de parti ?

Article 5 de la Constitution : *Le président de la République veille au respect de la Constitution. Il assure, par son arbitrage, le fonctionnement régulier des pouvoirs publics ainsi que la continuité de l'État. Il est le garant de l'indépendance nationale, de l'intégrité du territoire et du respect des traités.* Au-delà de ces principes de base, qu'en est-il de son statut et de ses compétences ?

1. Selon la Constitution, le second tour de l'élection présidentielle a lieu le deuxième dimanche qui suit le premier tour.

a. vrai
b. faux

2. Combien de mandats consécutifs, au maximum, peuvent-ils être exercés par un président de la République ?

a. un
b. deux
c. trois

3. Qui exerce l'intérim de la présidence de la République en cas de vacance pour quelque cause que ce soit ?

a. le président du Conseil constitutionnel
b. le président de l'Assemblée nationale
c. le président du Sénat
d. le Premier ministre

4. Selon l'article 11, sur quoi peut porter un projet de loi soumis à un référendum autre que constitutionnel ?

a. l'organisation des pouvoirs publics
b. les réformes relatives à la politique économique, sociale ou environnementale de la nation et aux services publics qui y concourent
c. l'autorisation de la ratification d'un traité qui, sans être contraire à la Constitution, aurait des incidences sur le fonctionnement des institutions

5. Depuis la révision constitutionnelle de 2008, les citoyens peuvent provoquer un référendum même contre l'avis du président de la République.

a. vrai
b. faux

6. La révision constitutionnelle de 2008 a supprimé l'article 16, qui rendait possible l'exercice par le président de la République de ce qu'on appelle couramment les *pleins pouvoirs*.

a. vrai
b. faux

7. La Constitution donne-t-elle au président de la République le droit d'amnistier une condamnation pénale ?

a. oui
b. non

8. L'article 18 de la Constitution a été modifié en 2008. Complétez son texte.

« Le Président de la République communique
avec les deux assemblées du Parlement
par des ______________ qu'il fait

Savez-vous pourquoi les élections présidentielles ont toujours lieu en avril-mai ?

Aucun texte ne contraint d'organiser le scrutin au printemps. Mais la Constitution dit que « l'élection du nouveau président a lieu vingt jours au moins et trente-cinq jours au plus avant l'expiration des pouvoirs du président en exercice ». Comme Georges Pompidou est mort un 2 avril, et que tous ses successeurs ont terminé leur mandat, le printemps est resté la saison de l'élection présidentielle.

_________________ et qui ne donnent lieu à aucun _________________. Il peut prendre la parole devant le ___________ réuni à cet effet en _________________. Sa déclaration peut donner lieu, hors sa présence, à un débat qui ne fait l'objet d'aucun vote. Hors _________________, les assemblées parlementaires sont réunies spécialement à cet effet. »

9. Un seul parlementaire socialiste a voté en faveur de la révision constitutionnelle proposée par Nicolas Sarkozy en 2008 et adoptée par le Congrès par 539 voix, pour une majorité requise de 538 voix. Lequel est-ce ?

....

....

10. Qui a dit qu'il n'était plus « dans les petits rôles, ou dans les personnages secondaires » ?

....

....

Le Gouvernement : entre le marteau et l'enclume

Dans la plupart des régimes parlementaires, le chef de l'État a un rôle plus ou moins honorifique. L'essentiel du pouvoir politique est alors clairement aux mains du gouvernement, et notamment de son chef, quel que soit son titre officiel. Le système institutionnel français est de ce point de vue très particulier, puisque le président de la République y occupe une place considérable. Comme par ailleurs le parlement n'est pas dépourvu de poids, et que la tendance semble être au renforcement de celui-ci, le Gouvernement et son chef, le Premier ministre, n'ont pas toujours un rôle facile. Pour autant, la Constitution continue d'affirmer que *le Gouvernement détermine et conduit la politique de la nation.*

La Marianne

1. Peut-on être ministre à temps partiel ?

a. oui
b. non

2. Qui suis-je ? Deux indices :

- J'avais une sciatique en juillet 2007.
- Nicolas Sarkozy me considère comme son collaborateur.

Je suis ....

3. C'est le Gouvernement qui décrète l'état de siège, et qui décide de faire intervenir les forces armées à l'étranger.

a. vrai
b. faux

4. À qui appartient l'initiative des lois ?

a. au président de la République
b. au Gouvernement
c. au Premier ministre
d. aux parlementaires

Les parlementaires sont loin de faire ce qu'ils veulent !

Les propositions de loi (émanant des parlementaires) et les amendements formulés par les membres du Parlement ne sont pas recevables lorsque leur adoption aurait pour conséquence soit une diminution des ressources publiques, soit la création ou l'aggravation d'une charge publique. Par ailleurs, s'il apparaît au cours de la procédure législative qu'une proposition ou un amendement n'est pas du domaine de la loi ou est contraire à une délégation accordée en vertu de l'article 38 concernant les ordonnances, le Gouvernement ou le président de l'assemblée saisie peuvent opposer l'irrecevabilité.

5. Qu'appelle-t-on couramment *loi Fillon* ?

....

....

....

6. Quelle différence y a-t-il entre un remaniement ministériel et un changement de gouvernement avec le même Premier ministre ?

....

....

....

....

7. Qu'est-ce que la révision constitutionnelle de 2008 a changé à l'article 49-3 ?

....

....

....

....

8. Qui a le premier parlé d'*omniprésident* à propos de la place considérable prise par Nicolas Sarkozy au détriment du gouvernement ?

....

....

....

Le Parlement : parlementer ou décider ?

Le Parlement vote la loi. Il contrôle l'action du Gouvernement. Il évalue les politiques publiques, dit la Constitution. Les deux premières fonctions sont traditionnelles, et sont caractéristiques d'un régime parlementaire. La troisième est plus nouvelle : la notion d'évaluation s'est développée depuis une vingtaine d'années. En 1958, on avait voulu réduire sensiblement les pouvoirs des assemblées. Par la suite, on leur a progressivement redonné une certaine marge de manœuvre. Mais tout dépend de la conjoncture politique, et notamment de l'éventualité d'une cohabitation et de celle d'une majorité relative à l'Assemblée nationale.

1. Les règles de l'élection des députés ne figurent pas dans la Constitution.

a. vrai
b. faux

2. Quel est le nombre maximal de députés à l'Assemblée nationale, selon la Constitution ?

a. 377
b. 477
c. 577

3. Dans laquelle des deux assemblées sont représentés les Français établis hors de France ?

a. Assemblée nationale
b. Sénat

4. Dit-on *bicamérisme* ou *bicaméralisme* ?

....

....

Savez-vous...

...qu'on peut mettre un parlementaire en prison ?
Aucun membre du Parlement ne peut être poursuivi, recherché, arrêté, détenu ou jugé à l'occasion des opinions ou votes émis par lui dans l'exercice de ses fonctions. Mais en dehors de ses votes et opinions exprimés, un membre du Parlement peut faire l'objet, en matière criminelle ou correctionnelle, d'une arrestation ou de tout autre mesure privative ou restrictive de liberté – mais avec l'autorisation du Bureau de l'assemblée dont il fait partie. Cette autorisation n'est cependant pas requise en cas de crime ou délit flagrant ou de condamnation définitive. Pour autant, la détention, les mesures privatives ou restrictives de liberté ou la poursuite d'un membre du Parlement sont suspendues pour la durée de la session si l'assemblée dont il fait partie le requiert.

5. Combien de sessions de plein droit compte l'année parlementaire ?

a. aucune
b. une
c. deux

6. Lequel du président de l'Assemblée nationale ou du président du Sénat a le mandat le plus long ?

a. le président de l'Assemblée nationale
b. le président du Sénat

7. Voici une liste de domaines dans lesquels c'est la loi qui fixe les règles – sauf un, qui est du ressort du pouvoir réglementaire. Trouvez l'intrus...

a. l'indépendance des médias
b. la création de nouvelles universités
c. les régimes matrimoniaux
d. l'amnistie
e. la création de catégories d'établissements publics
f. les garanties fondamentales accordées aux fonctionnaires

8. Quels sont les projets de loi qui doivent obligatoirement être soumis en premier lieu au Sénat ?

....

....

....

....

....

9. Cette disposition existe-t-elle dans la Constitution ? *Un jour de séance par mois est réservé à un ordre du jour arrêté par chaque assemblée à l'initiative des groupes d'opposition de l'assemblée intéressée ainsi qu'à celle des groupes minoritaires.*

a. oui
b. non

10. Lorsque l'Assemblée nationale adopte une motion de censure ou lorsqu'elle désapprouve le programme ou une déclaration de politique générale du Gouvernement, le Premier ministre doit remettre au président de la République la démission du Gouvernement.

a. vrai
b. faux

Le Conseil constitutionnel : un gouvernement des juges ?

La création d'un juge de la constitutionnalité des lois a été l'une des principales innovations du texte de 1958. L'évolution de la jurisprudence du Conseil constitutionnel et les révisions constitutionnelles successives lui ont donné un pouvoir considérable, au cœur de nombreuses polémiques : une loi votée par le Parlement semble ne jamais être à l'abri d'un recours ni, surtout, d'une invalidation – totale ou partielle.

1. Classez les noms des présidents successifs du Conseil constitutionnel par ordre chronologique de leur mandat, de 1959 à 2010.

a. Robert Badinter
b. Jean-Louis Debré
c. Roland Dumas
d. Roger Frey
e. Yves Guéna
f. Daniel Mayer
g. Pierre Mazaud
h. Léon Noël
i. Gaston Palewski

Léon Noël

....
....
....
....
....
....
....
....

2. Parmi les cinq présidents de la République en fonction jusqu'en 2007, un seul n'a jamais eu à nommer le président du Conseil constitutionnel. Lequel est-ce ?

....
....

3. Complétez le texte de cet alinéa de l'article 61 de la Constitution :

« Les lois peuvent être déférées au Conseil constitutionnel, avant leur promulgation, par le président de ________________, le Premier ministre, le président de ________________, le président du Sénat ou ________________ députés ou ________________ sénateurs. »

4. Le Conseil constitutionnel est le juge de dernière instance pour tous les contentieux électoraux

a. vrai
b. faux

Le référendum du 10 janvier

La Constitution dispose que le président de la République, sur proposition du Gouvernement pendant la durée des sessions ou sur proposition conjointe des deux assemblées, publiées au Journal officiel, peut décider de consulter les électeurs d'une collectivité territoriale située outre-mer sur une question relative à son organisation, à ses compétences ou à son régime législatif. Lors de son discours le 26 juin 2009 à l'aéroport de Fort-de-France, le président de la République Nicolas Sarkozy avait déclaré : « J'ai l'intention de consulter les Martiniquais sur l'évolution institutionnelle de leur territoire, comme la Constitution m'y autorise. » Les résultats des référendums locaux du 10 janvier 2010 intervenus en Martinique et en Guyane sont sans appel : avec une participation de 55,35 % des Martiniquais, ces derniers se déterminent à 78,9 % pour le non, tout comme les Guyanais avec 69,8 % de non pour une participation de 48,6 % des inscrits.

5. Certains textes doivent être obligatoirement soumis au Conseil constitutionnel, qui se prononce sur leur conformité à la Constitution. De quels textes s'agit-il ?

....
....
....

6. Quels sont les recours contre les décisions du Conseil constitutionnel ?

....
....
....
....

7. Le Conseil constitutionnel se prononce sur les questions relatives à la déontologie des magistrats ainsi que sur toute question relative au fonctionnement de la justice.

a. vrai b. faux

8. Le Conseil constitutionnel a-t-il eu un rôle dans la disparition de la peine de mort en France ?

a. oui b. non

9. Le 29 décembre 2009, quel texte législatif a été annulé par le Conseil constitutionnel ?

a. le texte créant une taxe carbone
b. le texte supprimant la taxe professionnelle
c. le texte modifiant la carte des circonscriptions électorales

10. À la suite de la décision du 29 décembre 2009, qui a déclaré chacune des phrases suivantes ?

- « Quand le Conseil constitutionnel examine une loi, il devrait permettre au Parlement et même au Gouvernement de venir défendre leur texte et d'en discuter de manière contradictoire. »
- « Quand le président du Conseil constitutionnel est un homme politique qui s'est vivement opposé au président en exercice, cela nuit à l'autorité de la décision prise par l'institution, et c'est dommage. »
- « En fait, le Conseil constitutionnel a de plus en plus tendance à vouloir faire la loi en lieu et place du Parlement. »

Il s'agit de phrases prononcées par : ....
....
....
....

Savez-vous...

...qui a proclamé l'élection du général de Gaulle à la présidence de la République en octobre 1958 ?
Il y a eu pendant quelques semaines un président provisoire du Conseil constitutionnel, dans le cadre de la mise en place des nouvelles institutions. C'est lui qui proclama officiellement l'élection du général de Gaulle à la présidence de la République. Il s'agissait de René Cassin (1887-1976). Membre du gouvernement de la France libre pendant la Seconde Guerre mondiale, principal auteur de la Déclaration universelle des droits de l'homme en 1948, président de la Cour européenne des droits de l'homme, Prix Nobel de la paix en 1968, René Cassin fut par ailleurs le fondateur de l'Institut français des sciences administratives (IFSA).

11. De la Constitution et d'un traité, qu'est-ce qui l'emporte ?

a. la Constitution b. le traité

12. Selon la Constitution, à quelles conditions les anciens présidents de la République sont-ils membres du Conseil constitutionnel ?

....
....
....

13. Un membre du parlement ou du gouvernement peut devenir membre du Conseil constitutionnel.

a. vrai b. faux

Connaissez-vous bien la Constitution?

Complétez les mots ou passages manquants des articles suivants de la Constitution :

Extraits du texte intégral de la Constitution de 1958

à jour de la révision constitutionnelle du 23 juillet 2008

PRÉAMBULE

Le peuple français proclame solennellement son attachement et aux principes tels qu'ils ont été définis par la Déclaration de 1789, confirmée et complétée par le préambule de la Constitution de 1946, ainsi qu'aux droits et devoirs définis dans la Charte de l'environnement de 2004. [...]

aux Droits de l'homme/ au drapeau et à l'hymne/ au président et à l'assemblée

démocratiques/ de la souveraineté nationale/ européens

ARTICLE PREMIER. La France est une République indivisible, laïque, démocratique et sociale.
Elle assure l'égalité devant la loi de tous les citoyens sans distinction d'origine, de race ou de religion. Elle respecte toutes les croyances. Son organisation est .
La loi favorise l'égal accès des femmes et des hommes aux mandats électoraux et fonctions électives, ainsi qu'aux responsabilités professionnelles et sociales.

décentralisée/ centralisée

Titre premier DE LA SOUVERAINETÉ

ARTICLE 2. La langue de la République est le français.
L'emblème national est le drapeau tricolore, bleu, blanc, rouge.
L'hymne national est « La Marseillaise ».
La devise de la République est « Liberté, Égalité, Fraternité ».
Son principe est : gouvernement du peuple .

par ses représentants/ par le peuple et pour le peuple

ARTICLE 3. La souveraineté nationale appartient au peuple qui l'exerce par ses représentants et par la voie .
[...] Le suffrage peut être direct ou indirect dans les conditions prévues par la Constitution.
Il est toujours universel, égal et secret. Sont électeurs, dans les conditions déterminées par la loi, tous les nationaux français majeurs des deux sexes, jouissant de leurs droits civils et politiques. [...]

de la violence/ de la manifestation/ du référendum

Titre II LE PRÉSIDENT DE LA RÉPUBLIQUE

ARTICLE 5. Le président de la République veille au respect de la Constitution.
Il assure, par son arbitrage, le fonctionnement régulier des pouvoirs publics ainsi que la continuité de l'État.
Il est le garant , de l'intégrité du territoire et du respect des traités.

de la souveraineté nationale/ du rayonnement de la France/ de l'indépendance nationale

ARTICLE 6. Le président de la République est élu pour cinq ans au suffrage universel direct. Nul ne peut exercer plus de ______ mandats consécutifs.
[...]

deux/ trois/ quatre

ARTICLE 7. Le président de la République est élu à la majorité absolue des suffrages exprimés.
Si celle-ci n'est pas obtenue au premier tour de scrutin, il est procédé, le quatorzième jour suivant, à un second tour. [...]
Le scrutin est ouvert sur convocation ______.
[...]

du Conseil constitutionnel/ de l'Assemblée nationale/ du Gouvernement

En cas de vacance de la présidence de la République pour quelque cause que ce soit, ou d'empêchement constaté par le Conseil constitutionnel saisi par le Gouvernement et statuant à la majorité absolue de ses membres, les fonctions du président de la République, à l'exception de celles prévues aux articles 11 et 12 ci-dessous, sont provisoirement exercées par le président du Sénat et, si celui-ci est à son tour empêché d'exercer ces fonctions, par ______.
[...]

le Gouvernement/ l'Assemblée nationale/ le Sénat

Si, avant le premier tour, un des candidats décède ou se trouve empêché, le Conseil constitutionnel prononce ______.
[...]

l'annulation de l'élection/ le report de l'élection/ le maintien de l'élection

ARTICLE 10. Le Président de la République promulgue les lois dans les ______ qui suivent la transmission au Gouvernement de la loi définitivement adoptée. [...]

huit jours/ dix jours/ quinze jours

ARTICLE 12. Le président de la République peut, après consultation du Premier ministre et des présidents des assemblées, prononcer la dissolution ______.
[...]

de l'Assemblée nationale/ du Gouvernement/ du Conseil constitutionnel

ARTICLE 15. Le ______ est le chef des armées. Il préside les conseils et les comités supérieurs de la défense nationale.

président de la République/ Premier ministre/ ministre de la défense

ARTICLE 16. Lorsque les institutions de la République, l'indépendance de la nation, l'intégrité de son ______ ou l'exécution de ses engagements internationaux sont menacées d'une manière grave et immédiate et que le fonctionnement régulier des pouvoirs publics constitutionnels est interrompu, le président de la République prend les mesures exigées par ces circonstances, après consultation officielle du Premier ministre, des présidents des assemblées ainsi que du Conseil constitutionnel.

image/ peuple/ territoire

Titre III LE GOUVERNEMENT

le bien-fondé/ l'exécution/ le respect

ARTICLE 21. Le Premier ministre dirige l'action du Gouvernement.
Il est responsable de la défense nationale. Il assure ______ des lois. Sous réserve des dispositions de l'article 13, il exerce le pouvoir réglementaire et nomme aux emplois civils et militaires.
Il peut déléguer certains de ses pouvoirs aux ______.
[...]

députés/ sénateurs/ ministres

ARTICLE 23. Les fonctions de membre du Gouvernement sont incompatibles avec l'exercice de tout mandat parlementaire, de toute fonction de représentation professionnelle à caractère national et de tout emploi ______ ou de toute activité professionnelle.
[...]

public/ privé

Titre IV LE PARLEMENT

ARTICLE 24. Le Parlement vote la loi. Il contrôle l'action du ______.
Il évalue les politiques publiques.
Il comprend l'Assemblée nationale et le ______.
Les députés à l'Assemblée nationale, dont le nombre ne peut excéder cinq cent soixante-dix-sept, sont élus au suffrage direct.
Le Sénat, dont le nombre de membres ne peut excéder ______, est élu au suffrage indirect. Il assure la représentation des collectivités territoriales de la République.

Gouvernement/ président de la République

Sénat/ Conseil constitutionnel

quatre cent cinquante-neuf/ trois cent quarante-huit

ARTICLE 28. Le Parlement se réunit de plein droit en une session ordinaire qui commence le premier jour ouvrable ______ et prend fin le dernier jour ouvrable ______.
[...]

d'octobre/ de septembre

de mars/ de juin

ARTICLE 30. Hors les cas dans lesquels le Parlement se réunit de plein droit, les sessions extraordinaires sont ouvertes et closes par décret du ______.

président de la République/ Premier ministre/ président de l'Assemblée nationale

ARTICLE 31. Les membres du Gouvernement ont accès ______.
Ils sont entendus quand ils le demandent.
[...]

à l'Assemblée nationale/ au Sénat/ aux deux assemblées

Titre V DES RAPPORTS ENTRE LE PARLEMENT ET LE GOUVERNEMENT [...]

ARTICLE 35. La déclaration de guerre est autorisée ______.
[...]

par le Parlement/ en Conseil des ministres

ARTICLE 36. L'état de siège est décrété ______.
[...]

par le Parlement/ en Conseil des ministres

ARTICLE 38. Le Gouvernement peut, pour l'exécution de son programme, demander au Parlement l'autorisation de prendre par ordonnances, pendant un délai limité, des mesures qui sont normalement du domaine de la loi.
Les ordonnances sont prises en conseil des ministres après avis du ______.

Conseil d'État/ Conseil constitutionnel

ARTICLE 43. Les projets et propositions de loi sont envoyés pour examen à l'une des commissions permanentes dont le nombre est limité à ______ dans chaque assemblée. [...]

six/ huit/ douze

ARTICLE 44. Les membres du Parlement et le Gouvernement ont le droit ______.
[...]

de regard/ d'amendement

Lorsque, par suite d'un désaccord entre les deux assemblées, un projet ou une proposition de loi n'a pu être adopté après deux lectures par chaque assemblée ou, si le Gouvernement a décidé d'engager la procédure accélérée sans que les Conférences

des présidents s'y soient conjointement opposées, après une seule lecture par chacune d'entre elles, le Premier ministre ou, pour une proposition de loi, les présidents des deux assemblées agissant conjointement, ont la faculté de provoquer la réunion d'une commission __________ paritaire chargée de proposer un texte sur les dispositions restant en discussion.
[...]

mixte/ neutre

ARTICLE 49. Le Premier ministre, après délibération du conseil des ministres, engage devant l'Assemblée nationale la responsabilité du Gouvernement sur son programme ou éventuellement sur une déclaration de politique générale.
L'Assemblée nationale met en cause la responsabilité du Gouvernement par le vote d'une motion de censure.
Une telle motion n'est recevable que si elle est signée par __________ au moins des membres de l'Assemblée nationale.
[...]

un quart/ un huitième/ un dixième

ARTICLE 50. Lorsque l'Assemblée nationale adopte une motion de censure ou lorsqu'elle désapprouve le programme ou une déclaration de politique générale du Gouvernement, le Premier ministre doit remettre au président de la République __________.
[...]

la démission du Gouvernement/ la possibilité de trancher

Titre VI DES TRAITÉS ET ACCORDS INTERNATIONAUX

ARTICLE 53. Les traités de paix, les traités de commerce, les traités ou accords relatifs à l'organisation internationale, ceux qui engagent les finances de l'État, ceux qui modifient des dispositions de nature législative, ceux qui sont relatifs à l'état des personnes, ceux qui comportent cession, échange ou adjonction de territoire, ne peuvent être ratifiés ou approuvés qu'en vertu __________.

d'une loi/ d'un décret

Titre VII LE CONSEIL CONSTITUTIONNEL

ARTICLE 56. Le Conseil constitutionnel comprend __________ membres, dont le mandat dure neuf ans et n'est pas renouvelable.
[...]

cinq/ neuf/ douze

ARTICLE 57. Les fonctions de membre du Conseil constitutionnel sont incompatibles avec celles de __________ ou de membre __________.
[...]

ministre/ sénateur

de l'Assemblée nationale/ du Parlement

Titre VIII DE L'AUTORITÉ JUDICIAIRE

ARTICLE 64. Le président de la République est __________ de l'autorité judiciaire.
Il est assisté par le Conseil supérieur de la magistrature.
[...]

garant de l'indépendance/ le chef

ARTICLE 66-1. Nul ne peut être condamné __________

hors du pays/ à la peine de mort

Titre IX LA HAUTE COUR

ARTICLE 67. Le président de la République ________ responsable des actes accomplis en cette qualité, sous réserve des dispositions des articles 53-2 et 68.

Les instances et procédures auxquelles il est ainsi fait obstacle peuvent être reprises ou engagées contre lui à l'expiration d'un délai d'un mois suivant la cessation des fonctions.

[...]

est/ n'est pas

Titre X DE LA RESPONSABILITE PÉNALE DES MEMBRES DU GOUVERNEMENT

ARTICLE 68-1. Les membres du Gouvernement ________ pénalement responsables des actes accomplis dans l'exercice de leurs fonctions et qualifiés crimes ou délits au moment où ils ont été commis.

Ils sont jugés par la Cour de justice de la République.

[...]

sont/ ne sont pas

Titre XII DES COLLECTIVITES TERRITORIALES

ARTICLE 72. Les collectivités territoriales de la République sont ________, les départements, les régions, les collectivités à statut particulier et les collectivités d'outre-mer régies par l'article 74.

[...]

les communes/ les cantons

Titre XV DE L'UNION EUROPÉENNE

ARTICLE 88-1. La République participe à l'Union européenne constituée d'États qui ont choisi librement d'exercer en commun certaines de leurs compétences en vertu du traité sur l'Union européenne et du traité sur le fonctionnement de l'Union européenne, tels qu'ils résultent du traité signé à Lisbonne le ________.

[...]

9 septembre 2003/ 6 février 2005/ 13 décembre 2007

ARTICLE 88-5. Tout projet de loi autorisant la ratification d'un traité relatif à l'adhésion d'un État à l'Union européenne est soumis au ________ par le président de la République.

[...]

référendum/ vote

ARTICLE 88-6. L'Assemblée nationale ou le Sénat peuvent émettre un avis motivé sur la conformité d'un projet d'acte législatif européen au principe de subsidiarité. L'avis est adressé par le président de l'assemblée concernée aux présidents du Parlement européen, du Conseil et de la Commission européenne. Le ________ en est informé.

Chaque assemblée peut former un recours devant ________ contre un acte législatif européen pour violation du principe de subsidiarité.

[...]

Gouvernement/ président de la République

la Commission européenne/ la Cour de justice de l'Union européenne

La politique française et le monde

De même que la Constitution est symboliquement et pratiquement à la base de la vie politique française, le monde qui nous entoure en est en quelque sorte l'autre cadre majeur. Sans même attendre ce qu'on appelle désormais la « mondialisation », les débats dans l'Hexagone ont depuis longtemps été profondément marqués par la relation de la France au monde. Parce qu'elle est l'une des nations ayant constitué un empire colonial de très grande ampleur, parce qu'elle s'est affichée comme la Grande Nation de l'Europe, parce qu'hier encore sa langue était la langue internationale, parce qu'elle a été reconnue comme l'une des cinq grandes puissances aux lendemains de la Seconde Guerre mondiale, mais aussi parce qu'elle reste la première destination touristique et l'une des principales forces économiques et militaires au niveau international, sa vie politique ne peut qu'être fortement influencée par le rôle qu'on veut lui faire jouer à l'échelle planétaire.

L'Afrique : l'ère postcoloniale

Une grande partie de l'empire colonial français a été construit en Afrique, et une grande partie de l'Afrique a été française. Il en subsiste des traces multiples, dans toutes les dimensions de la réalité contemporaine de cette France postcoloniale – et pas seulement du côté des Affaires étrangères, qui en la matière ne le sont jamais vraiment.

1. À qui doit-on l'expression *Françafrique* ?

....

....

2. Dans quel pays eut lieu l'opération Turquoise ?

a. Congo
b. Côte d'Ivoire
c. Rwanda
d. Tchad
e. Zaïre

3. Quel était le prénom d'origine de Omar Bongo ?

....

4. De quel pays africain était-il question dans les accords de Marcoussis ?

a. Congo
b. Cameroon
c. Côte d'Ivoire
d. Gabon
e. Tchad

Vue satellite de l'Afrique

5. Où le colonel Kadhafi fut-il reçu lors de son séjour parisien en décembre 2007 ?

....

....

6. Qui a tué les moines de Tibéhirine ?

....

....

Le monastère de Tibéhirine

7. Qu'y avait-il dans le sac de Bernard Kouchner le 5 décembre 1992 ?

....

....

8. Qui était *notre ami le roi* ?

....

....

9. Quel président français a été à l'initiative de l'UPM ?

a. Jacques Chirac
b. Nicolas Sarkozy

L'Amérique : la question de l'atlantisme

La relation à l'Amérique, c'est d'abord celle aux États-Unis d'Amérique. Longtemps divisés entre partisans et adversaires de l'Alliance atlantique, les politiciens français s'opposent aujourd'hui sur les rapports entre Paris et Washington de façon plus subtile. Mais la querelle de l'atlantisme est sans cesse près de rejaillir. Elle divise clairement la droite, mais aussi la gauche. Le continent américain ne se limite pourtant pas à son pays leader, et de plus en plus, la relation à l'Amérique latine, et notamment au Brésil, tend à occuper la scène politique française. Sans oublier bien sûr le Canada, auquel l'histoire attribue une place particulière dans l'imaginaire hexagonal.

Sommet de l'OTAN à Prague en 2002

1. De qui est la formule « Amis, alliés, pas alignés » à propos des relations entre la France et les États-Unis ?

a. Jean-Pierre Chevènement
b. François Bayrou
c. Nicolas Sarkozy
d. Philippe Séguin
e. Hubert Védrine

2. En quelle année le général de Gaulle avait-il sorti la France de l'Alliance atlantique ?

a. 1959
b. 1962
c. 1965

3. Quand Nicolas Sarkozy a-t-il eu son premier entretien avec Barack Obama, élu le 4 novembre 2008 et en fonction depuis le 20 janvier 2009 ?

....
....
....

Barack Obama

4. Qui est président du Groupe d'amitié France-États-Unis d'Amérique, à l'Assemblée nationale française ?

a. Louis Giscard d'Estaing
b. Valéry Giscard d'Estaing
c. Maxime Gremetz
d. Jean-Louis Touraine
e. Dominique de Villepin

5. De quelle maladie souffrit Cécilia Sarkozy lors de son séjour aux États-Unis en juin 2008 ?

....

6. Que sont allés faire successivement Philippe Séguin en 2000 et Alain Juppé en 2005 au Québec ?

....
....
....
....
....

7. Qui avait enlevé et qui a libéré Íngrid Betancourt ?

....
....
....
....

Savez-vous...

...qu'aucun discours du général de Gaulle n'était prévu le 24 juillet 1967 à Montréal ? Le 24 juillet 1967, le programme de la visite officielle prévoyait seulement que le président français saluerait la foule depuis le balcon de l'hôtel de ville de Montréal, sans aucune allocution publique. Sur place, le général prend néanmoins la parole, et ce sera le fameux « Vive Montréal ! Vive le Québec ! Vive le Québec... libre ! Vive le Canada français ! Et vive la France ! ».

8. Quelle Française la présidente Michelle Bachelet a-t-elle reçue au Palais de la Moneda le 1er novembre 2007 ?

a. Michèle Alliot-Marie
b. Marie-George Buffet
c. Arlette Laguiller
d. Ségolène Royal
e. Christiane Taubira

Michelle Bachelet le 8 octobre 2002 au Pentagone

9. Qui est Florence Cassez ?

....
....
....
....

10. Quel était le principal enjeu commercial de la visite de Nicolas Sarkozy au Brésil en septembre 2009 ?

....
....
....

Savez-vous...

...qu'environ 2 000 Français sont détenus à l'étranger ?
Quel qu'en soit le motif, notamment le trafic de stupéfiants ou l'atteinte à l'ordre public, la détention de deux mille Français dans les prisons étrangères passe largement inaperçu, à quelques exceptions près qui font la une des journaux et qui s'achèvent ou s'achèveront quelquefois par une transaction dont tous les éléments ne sont pas toujours connus : Florence Cassez condamnée à la prison au Mexique pour enlèvement ; Serge Atlaoui, condamné à mort en Indonésie pour trafic de drogue ; Michaël Blanc, condamné à la prison à vie pour la même raison ; Bertrand Cantat, arrêté en Lituanie puis transféré en France ; les membres de l'Arche de Zoë, également transférés en France pour purger leur peine ; Clotilde Reiss en Iran... Parfois, ces affaires sont l'occasion de polémiques dans le cadre politique français.

L'Asie : d'un Orient à l'autre

Le Proche-Orient est très présent dans la vie politique hexagonale, du fait notamment des anciens mandats français du Levant, de l'histoire du canal de Suez, des liens avec Israël, mais aussi de ce qu'il est convenu d'appeler depuis le général de Gaulle *la politique arabe de la France*. Le sous-continent indien a longtemps moins mobilisé l'intérêt de nos politiciens, contrairement à l'Extrême-Orient, en raison de la colonisation de l'Indochine hier, et de l'importance du Japon, de la Chine ou de l'Inde aujourd'hui. Sans oublier que la France est présente dans le Pacifique.

Des soldats de la coalition en Afghanistan

1. Où est mort Yasser Arafat ?

....

....

2. Contre qui Jacques Chirac s'est-il mis en colère à Jérusalem, le 22 octobre 1996 ?

....

....

3. D'où partit l'Ayatollah Khomeiny pour Téhéran, le 1er février 1979 ?

....

....

Ayatollah Khomeiny

4. Quel pays d'Asie accueille depuis 2006 une antenne de la Sorbonne ?

a. Arabie saoudite
b. Corée du Sud
c. Émirats arabes unis
d. Japon
e. Vietnam

Amphithéâtre Richelieu à la Sorbonne

5. Combien y a-t-il de soldats français engagés dans la guerre d'Afghanistan ?

a. 700
b. 1100
c. 1500
d. 1900
e. 2300

6. Pourquoi 14 Français sont-ils morts à Karachi le 8 mai 2002 ?

....
....
....
....
....

Savez-vous...

...qui était l'invité d'honneur du défilé du 14 juillet 2009 à Paris ?
Le Premier ministre indien, Manmohan Singh, était en 2009 l'invité d'honneur du défilé parisien du 14 Juillet. Le chef du gouvernement indien venait d'être reconduit à son poste après la victoire du Parti du Congrès aux élections législatives. Presque 400 soldats indiens des trois armes ont descendu les Champs-Élysées, précédés d'un orchestre militaire de près de cent musiciens. En janvier 2008, Nicolas Sarkozy avait été l'invité d'honneur de la parade militaire de la fête de la République indienne. La France est le troisième fournisseur d'armement de l'Inde.

7. Nicolas Sarkozy a rencontré le Dalaï-Lama en août 2008.

a. vrai
b. faux

Le Dalaï-Lama

8. Où se trouve Diên Biên Phu ?

a. Cambodge
b. Laos
c. Tonkin
d. Vietnam

9. À quand remonte la dernière visite d'un chef d'État français en Inde ?

....
....

10. La France est membre de l'Association des nations de l'Asie du Sud-Est.

a. vrai
b. faux

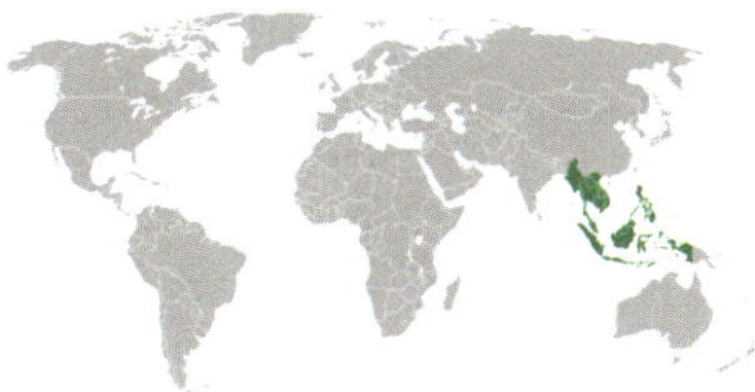

11. Quelle « affaire » perdure encore à la suite de la signature en 1991 d'un contrat de vente avec un pays d'Asie ?

....
....
....
....
....

12. En quelle année la France a-t-elle cessé ses essais nucléaires dans le Pacifique ?

a. 1985
b. 1992
c. 1996

L'Europe… mais quelle Europe ?

Hier au cœur d'une Europe occidentale partiellement rassemblée, la France se sent aujourd'hui un peu perdue dans un vaste ensemble aux institutions lourdes, aux objectifs incertains, aux limites imprécises, et de plus en plus dominé par la langue et les références culturelles dites anglo-saxonnes. Après les débats liés à la Guerre froide, les polémiques portent à présent sur la place de l'Europe dans la mondialisation et sur celle de la France dans cette Union qui suscite espoirs et craintes.

1. Deux hommes se serrent la main pour célébrer l'amitié franco-allemande. Qui sont-ils ?

....

....

....

2. Complétez cette déclaration de François Mitterrand au Bundestag, le 20 janvier 1983 :

« Le ____________________ est à l'Ouest, les ____________________ sont à l'Est ».

3. Où était Nicolas Sarkozy le soir où est tombé le Mur de Berlin ?

....

....

Le Mur de Berlin le 1er décembre 1989 à la porte de Brandebourg

4. Complétez ce propos de Philippe de Villiers, dans *Le Figaro* du 15 mars 2005 :

« La directive Bolkestein permet à un ____________ polonais ou à un architecte ____________________ de proposer ses services en France, au salaire et avec les règles de protection sociale de leur pays d'origine. »

5. Dans quelle capitale européenne trouve-t-on un monument de reconnaissance à Napoléon ?

....

....

6. Quand fut organisée la première *eurogrève* ?

....

....

7. Complétez ce propos de Jacques Chirac lors d'un sommet européen en 1988 :

« Mais qu'est-ce qu'elle veut de plus cette ____________________________ ? Mes ____________________________ sur un plateau ? ».

Jacques Chirac, 1963

8. **L'entrée de la Turquie dans l'Union européenne : qui est pour ? qui est contre ? En se fondant sur leurs positions officielles en la matière, classez les partis suivants dans le camp des « pour » (généralement avec plus ou moins de réserves ou de restrictions) ou dans celui des « contre » :**

a. Debout la République
b. Front national
c. Lutte ouvrière
d. MoDem
e. Nouveau Parti anticapitaliste
f. Parti communiste
g. Parti socialiste
h. UMP
i. Verts

Les « pour » : ....
....
....
....
....

Les « contre » : ....
....
....
....

9. **Combien de fois la France a-t-elle assuré la présidence de la Communauté et de l'Union européenne ?**

....
....

Savez-vous...

...que la Turquie a participé à l'élaboration du Traité constitutionnel de l'Union européenne ?
La Convention sur l'avenir de l'Europe, plus couramment appelée « Convention européenne », a été créée à l'issue du Conseil européen de Laeken en décembre 2001. Elle a été chargée d'engager un débat sur l'avenir de l'Union, dans la perspective d'une convocation d'une conférence intergouvernementale. Elle aboutit, en juin 2003, à un projet de Constitution européenne repris pour l'essentiel par le Traité de Rome de 2004. Elle était composée de 105 membres : un président (Valéry Giscard d'Estaing), deux vice-présidents, seize parlementaires européens, deux membres de la Commission européenne, trois représentants pour chacun des vingt-cinq États membres de l'époque et des trois pays candidats – la Bulgarie, la Roumanie et... la Turquie.

10. **Quel titre a-t-il été conféré à Nicolas Sarkozy par le Vatican en décembre 2007 ?**

....
....
....

11. **Entre quels pays Nicolas Sarkozy a-t-il facilité un accord mettant fin à des actions de guerre ?**

....
....
....

12. **Quels sont les États qui ont ratifié en premier et en dernier le Traité de Lisbonne ?**

....
....
....
....

La communauté internationale : la place de la France, enjeu politique

La France a le deuxième réseau diplomatique au monde, après celui des États-Unis d'Amérique. Un accord assez large existe parmi ses politiciens sur l'objectif du maintien de sa place au niveau international. Mais l'idée d'une « exceptionnalité » française ne semble plus évidente pour tout le monde. Et les moyens d'assurer le rayonnement national dans un monde en pleine mutation sont loin de faire l'unanimité.

1. Depuis quand la France est-elle membre de l'ONU ?

a. 1919 b. 1943 c. 1945
d. 1947 e. 1959

2. Qui parla un jour de machin à propos de l'ONU ?

a. Charles de Gaulle
b. Bernard Kouchner
c. Jean-Marie Le Pen
d. Nicolas Sarkozy
e. Philippe de Villiers

3. La France a usé de son droit de veto au Conseil de sécurité des Nations Unies pour tenter d'empêcher la seconde guerre d'Irak.

a. vrai b. faux

Le jour où un ministre français a été applaudi au Conseil de sécurité

Le 14 février 2003, lorsque le ministre français des Affaires étrangères – Dominique de Villepin – achève son intervention refusant de cautionner une intervention militaire en Irak, des applaudissements se font entendre, ce qui est fort rare en ce lieu. Voici la péroraison du futur Premier ministre :

« Dans ce temple des Nations unies, nous sommes les gardiens d'un idéal, nous sommes les gardiens d'une conscience. La lourde responsabilité et l'immense honneur qui sont les nôtres doivent nous conduire à donner la priorité au désarmement dans la paix. Et c'est un vieux pays, la France, un vieux continent comme le mien, l'Europe, qui vous le dit aujourd'hui, qui a connu les guerres, l'occupation, la barbarie. Un pays qui n'oublie pas et qui sait tout ce qu'il doit aux combattants de la liberté venus d'Amérique et d'ailleurs. Et qui pourtant n'a cessé de se tenir debout face à l'Histoire et devant les hommes. Fidèle à ses valeurs, il veut agir résolument avec tous les membres de la communauté internationale. Il croit en notre capacité à construire ensemble un monde meilleur. »

4. Claude Cheysson a été ministre des Affaires étrangères.

a. vrai b. faux

5. Léon Blum a été ministre des Affaires étrangères.

a. vrai b. faux

6. Complétez le texte de l'article 87 de la Constitution.

« La République participe au développement de la solidarité et de la coopération entre les États et les peuples ayant le ________________ en partage ».

7. De quelle institution Ferdinand de Lesseps, Louis Pasteur, Ernest Renan et Jules Verne encouragèrent-ils la création en 1883 ?

a. l'Académie française
b. l'Alliance française
c. l'École libre des Sciences politiques

Ferdinand de Lesseps

Louis Pasteur

Jules Verne

8. Qu'est-ce que la SAEF ?

a. la Société d'administration économique de la francophonie
b. la Société de l'audiovisuel extérieur de la France
c. le Service des Affaires étrangères de la France

9. Combien y a-t-il de francophones dans le monde ?

a. 100 millions
b. 200 millions
c. 400 millions
d. 600 millions
e. 800 millions

10. Quelle différence existe-t-il entre patriotisme économique et protectionnisme ?

....
....
....
....
....

11. Combien d'États ont une frontière terrestre commune avec la République française ?

a. 6
b. 8
c. 10

1

DERNIÈRE ÉDITION

…OISIÈME ANNÉE. — N° 342.

Directeur Hubert BEUVE-MÉRY

Comité de Direction : René COURTIN, Christian FUNCK-BRENTANO

Direction, Rédaction et Administration : 5, rue des Italiens - PARIS

Adresse télégraphique : JOURMONDE-PARIS

Téléphone : Cinq lignes groupées : TAITBOUT 76-60

Le Monde

PRIX DE… PARIS, DÉPA… & COLONIES… Un numéro (Pa…

LE GÉNÉRAL DE GAU…

se démet de ses foncti…

La crise politique revêt une exceptionnell…

LA FRANCE AU CARREFOUR

Le malaise politique indéniable qui régnait depuis le retour à Paris du général de Gaulle a brusquement évolué hier, au début de l'après-midi.

Les milieux parlementaires, tout comme l'opinion, n'étaient pas sans connaître les divergences de vues qui opposaient …

À quelles dates ces quatre événements se sont-ils produits ?

2

… ANNÉE. — N° 1401.

DERNIÈRE ÉDITION

Directeur : Hubert BEUVE-MÉRY

Direction, Rédaction et Administration : 5, rue des Italiens - PARIS (9e)

Le Monde

Paris, le 27 juillet 1949

BULLETIN DE L'ÉTRANGER

La Grande-Bretagne et l'O.E.C.E.

Au Palais-Bourbon, après un débat fertile en incidents

LE PACTE ATLANTIQUE EST APPROUVÉ

par 395 voix contre 189

L'amendement R. P. F. qui voulait obtenir des États-Unis des précisions sur les moyens fournis à la France est repoussé

M. Queuille réunit les chefs de la majorité

Le gouvernement a réaffirmé son opposition à une hausse des salaires

LE PACTE

LE MESSAGE TRUMAN dit Radio-Moscou veut créer une « hystérie de guerre »

LE DÉPARTEMENT D'ÉTAT ESPÈRE obtenir du Congrès américain l'adoption du programme présidentiel d'aide militaire

L'EUROPE VEUT-ELLE EXISTER?

NEMENT :
3 mois... 210 fr.
mois... 390 fr.
ET 16 DE CHAQUE MOIS
(emenis) : 3 francs

ARIS Nº 4207-23

LE

ravité

ATURÉ

TROISIÈME ANNÉE. — Nº 564

DERNIÈRE ÉDITION

Directeur Hubert BEUVE-MERY
Comité de Direction : René COURTIN — Christian FUNCK-BRENTANO
Direction, Rédaction et Administration : 5, rue des Italiens - PARIS
ADRESSE TÉLÉGRAPHIQUE : JOURMONDE-PARIS
TÉLÉPHONE : cinq lignes groupées : TAITBOUT 76-60

Le Monde

PRIX DE L'ABONNEMENT :
PARIS, DÉPARTEMENTS & COLONIES FRANÇ. : Trois mois.. 280 fr. Six mois... 500 fr. Un an... 900 fr.
LES ABONNEMENTS PARTENT DES 1er ET 16 DE CHAQUE M
Un numéro (Paris et départements) : 4 fr
ANNONCES ET ABONNEM... aux bureaux du MONDE, 5, rue des Italiens
CHÈQUE POSTAL : PARIS N...

3

LA CONSTITUTION EST APPROUVÉE

9.120.576 « oui » contre 7.980.333 « non », soit 53,33 % des suffrages exprimé

Il y a eu 31,28 % d'abstentions

Le nombre des « oui » ne représente ainsi que 35,93 % du corps électoral

ABRI PRÉCAIRE

RÉSULTATS PROVISOIRES PORTANT SUR 93 DÉPARTEMENTS
(France métropolitaine, Corse et Algérie)

INSCRITS	VOTANTS	SUFF. EXPRIMÉS	OUI	NON
25.379.917	17.441.033	17.100.909	9.120.576	7.980.333

LA SOIRÉE A PARIS

Physionomie et géographie du scrutin

Majorité de « oui »

Résistance des « non »

NEUVIÈME ANNÉE. — Nº 2213

12 PAGES — DERNIÈRE ÉDITION

Directeur : Hubert BEUVE-MÉRY
Direction, Rédaction, Administration : 5, rue des Italiens - PARIS - IXe
CHÈQUE POSTAL : PARIS Nº 4207-23
TÉLÉPHONE : TAITBOUT 76-60 / PROVENCE 63-29
TÉLÉGRAPH. : JOURMONDE - PARIS

Le Monde

ABONNEMENTS

4

Dans sa déclaration ministérielle M. Pinay propos

une politique de restauration du crédi

Le fardeau du réarmement en Grande-Bretagne

ET ANNONCE DEUX MESURES PROCHAINES :

- Prélèvement d'or à la Banque de France pour régler l'Union européenne des paiements;
- Renouvellement de l'avance de 25 milliards accordée au Trésor jusqu'au 20 mars.

Le vote sur l'investiture suscite de sérieuses divisions au sein du R. P. F.

LES PRINCIPAUX POINTS DE LA DÉCLARATION

1. le 21 janvier 1946/ 2. 27 juillet 1949, 3. 14 octobre 1946/ 4. 6 mars 1952

1

Le Monde

La Russie chaotique
8 pages d'annonces classées

…QUANTE-TROISIÈME ANNÉE – N° 16247 – 7 F

FONDATEUR : HUBERT BEUVE-MÉRY – DIRECTEUR : JEAN-MARIE CO…

M. Chirac dissout au nom de l'Europe

● « Moins d'impôt, moins d'Etat », promet le président, qui juge nécessaire de disposer d'une nouvelle majorité pour la mise en place de l'euro ● L'initiative présidentielle est un « aveu d'échec » pour le gouvernement, estime M. Jospin ● M. Hue (PCF) se félicite de l'« évolution positive » du PS sur l'Europe

La justice israélienne renonce à inculper M. Nétanyahou

3

Le Monde

2,50 € ou 6,95 € avec le livre d'art

www.lemonde.fr

FONDATEUR : HUBERT BEUVE-MÉRY – DIRECTEUR : JEAN-MARIE COLOMBANI

LE MUSÉE DU « MONDE »
Aujourd'hui VERMEER
Un livre d'art chaque vendredi

LE MONDE 2
Référendum, médias, Amérique : Baudrillard parle

Chirac place les Français devant leur « responsabilité »

▸ Une « nouvelle impulsion » après le référendum
▸ Jusqu'au bout, un débat vigoureux
▸ Les dossiers européens suspendus au vote des Français
▸ Les scénarios de l'après-29 mai
▸ Les enjeux pour le PS, la droite et les syndicats
▸ L'industrie des sondages

Lire pages 2, 3, 4 et 5

PROCHE-ORIENT
Mahmoud Abbas « très satisfait » de sa rencontre avec George Bush p. 6

RÉGIONS
La coutellerie de Thiers cherche des armes pour contrer la Chine p. 10

TOGO
Enquête sur les émeutes d'Aného, au lendemain de la présidentielle p. 11

DISPARITIONS
L'avocat Jean-Marc Varaut, le peintre Zoran Music p. 19 et 24

PRESSE
Le malaise croissant des kiosquiers p. 27

SUPPLÉMENT EN V.O.
The New York Times
Energie : les prix freinent la consommation

Haro sur les sacs de caisse

En Tunisie, une journaliste cible d'une campagne de haine

Florence Beaugé

ANALYSE

L'Egypte et le paradoxe américain

OPÉRA

40 000 spectateurs pour « Turandot » au Stade de France

américain

Bulgarie : victoire anticommuniste
Un diplomate à la tête de l'Inde
Explosion du marché des satellites
Corruption à Gaz de France
L'Opéra de Paris plus populaire
Un enfant déc…
Tracé du TGV …

TRENTE-TROISIEME ANNEE — N° 9825

20 PAGES DERNIÈRE ÉDITION

MIS EN MINORITÉ AU SEIN DE SON PARTI

Le premier ministre japonais refuse d'abandonner son poste

LIRE PAGE 3

Le Monde

Fondateur : Hubert Beuve-Méry

Directeur : Jacques Fauvet

1,40 F

Algérie, 1 DA ; Maroc, 1,50 dir. ; Tunisie, Allemagne, 1 DM ; Autriche, 10 sch. ; 12 fr. ; Canada, $ 0,65 ; Danem... Espagne, 25 pes. ; Grande-Bretagne... 10 dr. ; Iran, 45 ris. ; Italie, 300 ... Luxembourg, 12 fr. ; Norvège, 2,7... 1 fl. ; Portugal, 12,50 esc. ; Sue... Suisse, 1 fr. ; U.S.A., 65 cts ; Yougoslavie,

Tarif des abonnements page 14

5, RUE DES ITALIENS
75427 PARIS - CEDEX 09
C.C.P. 4207-23 Paris
Télex Paris n° 650572
Tél. : 246-72-23

2

DÉMISSION DU GOUVERNEMENT DE M. CHIRA

« Je ne dispose pas des moyens que j'estime, aujourd'hui, nécessa... pour assumer efficacement mes fonctions de premier minist...

Encore moins de gaullisme ?

La cassure

par PIERRE VIANSSON-PONTÉ

La lettre du 26 juillet

D'une p... jusqu'à

AU JOUR LE

À quelles dates ces quatre événements se sont-ils produits ?

4

1,20 € ou 6 € avec le DVD

Le Monde

FONDATEUR : HUBERT BEUVE-MÉRY - DIRECTEUR : JEAN...

LIBAN
Elections législatives sans surprise p. 6

JUSTICE
Le rôle de l'ADN dans la quête de la vérité p. 8

SCIENCES
Le GPS au service de la protection des gorilles de montagne p. 16

DANSE
Le Ballet de l'Opéra de Paris reprend « Orphée et Eurydice » de Pina Bausch p. 19

REGGAE
La tournée de Capleton en France menacée en raison de propos homophobes p. 21

Les Français s'interrogent, l'Europe retient son souffle

- 42 millions d'électeurs appelés aux urnes
- Les derniers sondages témoignaient d'un débat intense
- Les dirigeants socialistes ont fait campagne jusqu'au bout pour le oui
- Les chefs de file du non « de gauche » promettent de continuer « le combat »

UNE SECONDE, JE VOUS DIS ! JE N'AI PAS FINI DE LIRE !... ET PUIS ÇA FERME À 22 H !!!

Lire pages 2 à 5 et Référendum page 12

Les achats sur Internet ont de plus en plus d'adeptes

En Inde, « personne n'aime rencontrer une veuve sur son passage »

« Les 55 jours de Pékin » de Nicholas Ray

SUPPLÉMENT RADIO TÉLÉVISION
Radio et pouvoir : Pierre Bouteiller par...

SUPPLÉMENT ARGENT
Les loyers à la baisse
Épargner tôt pour sa retraite

La faim tue : réagissons !

La bataille de France
par Timothy Garton Ash

SPORTS
Le blues des arbitres

1. le 21 avril 1997/ 2. le 25 août 1976/
3. le 27 mai 2005/ 4. le 29 mai 2005.

Les enjeux : pourquoi et pour quoi on se bat

La politique comme scène de représentation de la conflictualité sociale 6

1. Cette expression est de Valéry Giscard d'Estaing (*Deux Français sur trois* est le titre de l'un de ses ouvrages, paru en 1984).

2. Il s'agit de Michel Colucci, dit Coluche, présentant le 30 octobre 1980 sa candidature à la présidence de la République.

3. c. La formule est de Jean-Marie Le Pen. Il la prononça lors de l'émission de télévision « L'Heure » de vérité sur Antenne 2, en mars 1984.

4. b. Il s'agit d'une phrase de Valéry Giscard d'Estaing, tirée de son ouvrage *Démocratie française*, paru en 1978.

5. a. Il s'agit d'Éric Besson s'adressant à des journalistes, le 1er décembre 2009 en Serbie.

6. c. La formule est de Valéry Giscard d'Estaing (entretien avec Agathe Fourgnaud, cité par Jean Lacouture, *Paroles de présidents*, Dalloz, 2006).

7. a. C'est vrai. La Déclaration de principes adoptée par le Parti socialiste en 2008 n'utilise jamais le mot *classe*.

8. e. Il n'y a pas de trace d'un dénommé Lou Vrier dans la liste des invités donnée par Ariane Chemin et Judith Perrignon (*La Nuit du Fouquet's*, Fayard, 2007).

La politique comme lieu de compétition pour l'accès ou pour le maintien au pouvoir 8

1. A. Palais-Bourbon : Assemblée nationale/ B. Palais du Luxembourg : Sénat/ C. Palais-Royal : Conseil constitutionnel/ D. Palais de l'Élysée : Présidence de la République/ E. Hôtel Matignon : Premier ministre.

2. En 2010, il y a 96 départements en métropole, plus quatre outre-mer, soit 100 au total (101 en 2011 avec Mayotte).

3. La France compte 21 régions, plus la Corse, plus les quatre régions d'outre-mer, soit 26 au total.

4. b. Il y a environ 4200 conseillers généraux en France.

5. c. Un EPCI est un établissement public de coopération intercommunale.

6. b. Le canton est à l'origine une circonscription administrative, et de nos jours essentiellement une circonscription électorale pour la désignation des conseillers généraux.

7. Aucune des réponses proposées n'est bonne. Après son refus de l'indépendance dans le cadre des Comores lors du référendum du 22 décembre 1974, Mayotte est devenue une collectivité territoriale d'outre-mer, qui a choisi en 2009 le statut de département pour 2011.

8. c. Il n'existe pas d'EPCI dénommé « région urbaine ». La « Région urbaine de Lyon » est une structure associative régie par la loi de 1901.

9. d. Jean Sarkozy a brigué la présidence de l'EPAD (Établissement public pour l'aménagement de la Défense, créé en 1958).

10. C'est la commission nationale de l'informatique et des libertés, instituée par la loi du 6 janvier 1978 « relative à l'informatique, aux fichiers et aux libertés ». C'est une autorité administrative indépendante de dix-sept membres, dont douze émanent des assemblées parlementaires ou de hautes juridictions.

11. Affaires étrangères et européennes : Quai d'Orsay/ Économie, finances et industrie : Bercy/ Travail, relations sociales, famille, solidarité et ville : Rue de Grenelle/ Éducation nationale : Rue de Grenelle/ Intérieur, outre-mer et collectivités territoriales : Place-Beauvau/ Justice et libertés : Place-Vendôme.

12. b. C'est faux. La France n'a plus droit qu'à un seul commissaire européen depuis 2004, en application du traité de Nice de 2001, et c'est Michel Barnier qui occupe la place, en charge du commerce intérieur et des services financiers. Jean-Marie Bockel est secrétaire d'État auprès de la ministre de la Justice et des Libertés depuis juin 2009.

13. Il s'agit de Bertrand Delanoë, puisque Paris est à la fois commune et département, et le Conseil de Paris à la fois conseil municipal et conseil général.

14. a. L'auteur de cet ouvrage, paru chez Grasset en 2009, est Michel Lussault, professeur de géographie.

15 a. Elle a été élue présidente de l'EPAD en décembre 2009. Le président du Conseil d'orientation des retraites est Raphaël Haddas-Lebel, et celui de l'ADF est Claudy Lebreton.

16. b. D'un strict point de vue juridique, on doit parler du « gouvernement Fillon », du nom du chef du gouvernement, c'est-à-dire du Premier ministre. Mais la pratique d'« omniprésidence » de Nicolas Sarkozy peut justifier cette approximation langagière.

17. Le Conseil économique et social (CES) est devenu, lors de la révision constitutionnelle de 2008, le Conseil économique, social et environnemental (CESE). L'autre CESE est le Conseil économique et social européen (néanmoins souvent appelé CES). Il y a par ailleurs un CESR (Conseil économique et social régional) dans chaque région.

La politique comme lieu d'exercice du pouvoir 10

1. c. Le nombre de lois serait d'environ 10 000.

2. d. Le nombre de décrets serait d'environ 120 000.

3. c. Il s'agit de la loi du 5 mars 2007 sur le droit au logement opposable.

4. La loi du 12 juin 2009 « favorisant la diffusion et la protection de la création sur Internet » a été couramment appelée du nom de l'instance qu'elle a créée, la Haute autorité pour la diffusion des œuvres et la protection des droits sur Internet ou HADOPI.

5. b. Il s'agit de la loi organique relative aux lois de finances, promulguée le 1er août 2001 et réformant profondément le droit budgétaire.

6. b. C'est faux. La loi constitutionnelle modifie partiellement la Constitution (sans lui en substituer une nouvelle), tandis que la loi organique la complète à sa demande (il ne peut y avoir de loi organique que prévue par la Constitution).

7. a. Les régions contribuent au financement des TER.

8. b. C'est faux. Ce sont les régions qui ont en charge la gestion des lycées. Les départements s'occupent des collèges (et les communes des écoles).

9. b. C'est faux. Les déficits publics ne doivent pas dépasser 3 % du PIB (produit intérieur brut).

10. C'est le développement du nombre et de l'importance des conventions passées entre les pouvoirs publics et différentes catégories d'acteurs, publics et privés. Ainsi en va-t-il des « contrats de projets » entre l'État et une région.

11. La coopération décentralisée correspond à l'existence d'une coopération directe entre une collectivité territoriale française et un pays en développement ou l'une de ses collectivités territoriales.

12. a. En 2006, le Centre d'analyse stratégique a remplacé le Commissariat général du Plan.

13. AFSSAPS signifie « Agence française de sécurité sanitaire des produits de santé ».

14. La révision constitutionnelle de 2008 crée au Sénat et à l'Assemblée nationale une commission chargée des affaires eu-

ropéennes (nouvel article 88-4 de la Constitution).

15. d. La PAC occupe environ 40 % du budget de l'Union européenne.

16. Une LFSS est une loi de financement de la Sécurité sociale.

17. b. C'est une disposition législative introduite par amendement dans un texte où elle n'a pas sa place. On parle notamment de « cavalier budgétaire ».

18. La *Tracfin* est la cellule française de lutte anti-blanchiment, structure interministérielle créée en 1990 à la suite du Sommet du G7.
Tracfin est l'acronyme de « Traitement du renseignement et action contre les circuits financiers clandestins ».

19. Le droit primaire résulte des traités. Le droit dérivé est composé des règlements, des directives, et plus largement de l'ensemble des normes juridiques produites par les instances communautaires.

20. Dans l'ordre décroissant, les postes de dépenses des régions métropolitaines sont : 1. d. lycées/ 2. e. formation professionnelle/ 3. a. transport express régional/ 4. f. apprentissage/ 5. g. lignes TGV, ferroutage/ 6. c. aide aux entreprises/ 7. h. équipements, environnement/ 8. b recherche, enseignement supérieur.

21. a. Il s'agit de la commission sur les priorités stratégiques d'investissement et l'emprunt national.

22. a. Ce sont les communes (65,1 pour les départements et 26,6 pour les régions).

23. RGPP signifie « révision générale des politiques publiques ». Cette opération, lancée en juillet 2007, vise essentiellement à réduire la progression des dépenses publiques.

24. La taxe professionnelle (TP) va être remplacée par la contribution économique territoriale (CET), composée d'une cotisation foncière des entreprises (CFE) et d'une cotisation sur la valeur ajoutée des entreprises (CVAE).

Les règles : le cadre de la bataille

Les règles spécifiques aux élections 14

1. b. C'est faux. Cette expression désigne un découpage de circonscriptions électorales ne pouvant être expliqué autrement que par le souci de favoriser un camp politique contre un autre.

2. a. C'est vrai. Depuis le passage du septennat au quinquennat pour le Président de la République, et l'abaissement de neuf à six ans de la durée du mandat sénatorial, tous les mandats électifs sont de cinq ou six ans – à quelques mois près. Mais il y a des cas où un mandat peut être interrompu, et des cas où des dispositions transitoires prévoient des durées autres que celles-ci.

3. a. C'est vrai. Mais c'est la pratique générale de procéder ainsi.

4. b. C'est faux. C'est 5 % des suffrages exprimés – un seuil plus facile à atteindre que le même pourcentage calculé par rapport à l'ensemble des inscrits.

5. b. C'est faux. Le mandat de l'Assemblée nationale prenant toujours fin en juin de la cinquième année qui suit son élection, la durée exacte de la législature peut s'écarter de plusieurs mois du strict quinquennat, selon le mois durant lequel s'est déroulé le renouvellement. Sur les treize législatures de la ve République, seules deux ont été de cinq ans.

6. b. C'est faux. Les élections législatives de 1986 étant régies par le mode de scrutin proportionnel, elles n'ont comporté qu'un seul tour, le 16 mars.

7. Il n'y a pas de constitution européenne, du moins au sens formel du terme. Un projet de constitution porté par un traité a été rejeté par référendum en France et aux Pays-Bas en 2005. Mais d'un point de vue matériel, on peut considérer l'ensemble

des traités régissant l'Union européenne comme une constitution.

8. b. Le Traité de Maastricht, en 1992, utilise le premier cette formule. Cette citoyenneté européenne prévoit notamment le droit d'électorat et d'éligibilité aux ressortissants des États membres dans toute l'Union aux élections européennes (quels que soient l'État représenté et la nationalité du candidat), et le droit d'électorat et d'éligibilité aux ressortissants dans toute l'Union aux élections locales (dans le pays de résidence).

9. Le Traité de Lisbonne a été ratifié après le dernier renouvellement du Parlement européen (juin 2009). Celui-ci prévoit le passage du nombre de députés européens de 736 (nombre fixé par le Traité de Nice) à 750, et pour la France, de 72 à 74. La France n'ayant pas anticipé ce changement par une loi et ne pouvant avoir facilement recours aux deux suivants de liste compte tenu de l'existence de huit circonscriptions, une solution provisoire a dû être trouvée pour la désignation de deux nouveaux eurodéputés français, privés de droit de vote puisque non élus au suffrage direct.

10. Au scrutin de liste proportionnel : 5 A et 5 B (quel que soit le type de représentation proportionnelle, le faible écart de voix conduit à une répartition égale).

Au scrutin de liste majoritaire : 10 A (la liste majoritaire a tous les sièges, même avec une faible avance sur sa concurrente).

Au scrutin de liste mixte sur le modèle de celui des élections municipales : 8 A et 2 B (la moitié des sièges – nombre arrondi à l'entier supérieur – va à la liste majoritaire, l'autre moitié étant répartie selon la proportionnelle à la plus forte moyenne).

Au scrutin de liste mixte sur le modèle de celui des élections régionales : 7 A et 3 B (le quart des sièges – nombre arrondi à l'entier supérieur – revient d'emblée à la liste majoritaire, le reste des sièges étant attribué selon la représentation à la plus forte moyenne).

11. c. Si l'on considère que le panachage, en matière électorale, consiste à voter pour des candidats se présentant sur des listes différentes, il n'y a guère que pour l'élection des conseils municipaux des communes de 2 500 à 3 500 habitants que cette pratique est admise. Dans tous les autres cas, soit les candidats ne se présentent pas en listes, soit les listes sont bloquées.

12. b.

13. b. Non. C'est une spécialité irlandaise peu utilisée en dehors de sa terre... d'élection.

Les règles du financement de la vie politique 16

1. Ces lois traitent du financement de la vie politique.

2. b.

3. c.

4. b. C'est faux. Éric Woerth était ministre du Budget et trésorier national de l'UMP, ce qui est juridiquement possible.

5. Le mot vient de l'italien *nepotismo*, de *nipote* (« neveu ») et concernait à l'origine les papes et leur tendance à favoriser leur famille.

6. d. Le traité de Nice stipule : « Le Conseil [...] fixe le statut des partis politiques au niveau européen et notamment les règles relatives à leur financement ». Il est entré en vigueur en 2003.

7. La présidence de l'Établissement public de Chambord pour Pierre Charon. François de Grossouvre avait été président du Comité des chasses présidentielles jusqu'à sa mort en 1994. Ce comité ayant été dissous par Jacques Chirac, c'est un peu le Conseil d'administration de l' Établissement public de Chambord qui en tient lieu aujourd'hui. Il s'agit toujours d'organiser des rencontres entre grands de la finance, de l'économie et de la politique à l'occasion de la chasse et des rituels qui l'entourent.

8. e. Le montant s'élevait à 14 millions de francs, réceptions officielles non com-

prises, dont 9,5 millions réglés en liquide, selon l'Inspection générale des services de la Ville de Paris. Un non-lieu a été prononcé pour prescription.

9. Il s'agit de la paire de chaussures fabriquée sur mesure chez Berluti pour un montant de 11 000 francs, réglé par Christine Deviers-Joncour au bénéfice de Roland Dumas, alors ministre des Affaires étrangères. Cet épisode fut mis en évidence durant le déroulement de l'« Affaire Elf » à la fin des années 1990. La procédure se terminera par la relaxe de Roland Dumas, qui avait déclaré durant son procès en première instance : « Comment croire que l'on puisse acheter un ministre d'État avec une paire de chaussures, fussent-elles d'un prix élevé ? »

10. Il s'agit des diamants que l'empereur Bokassa 1er de Centrafrique aurait donné à Mme Giscard d'Estaing, et beaucoup plus récemment, de la perle noire qu'aurait reçue Mme Chirac du président de la Polynésie française Gaston Flosse.

Les règles du débat politique 18

1. d. La constitution ne le précise pas. Seule la coutume veut que ce soit à Versailles.

2. a. C'est vrai. Les vice-présidents de l'Assemblée nationale et le rapporteur général de la Commission des finances en font partie, à côté du Président de l'Assemblée nationale, des présidents de groupes et des présidents de commissions permanentes. La Conférence des présidents fixe l'ordre du jour et organise les débats.

3. a. S'il s'agit de réviser la Constitution, c'est le président de la République, avec le contreseing du Premier ministre. S'il s'agit d'entendre un message du président de la République, celui-ci convoque seul le Congrès (nouvelle disposition adoptée en 2008).

4. a. La navette est le va-et-vient entre les deux chambres en vue de l'adoption d'un texte législatif unique. Selon l'article 45 de la Constitution, le gouvernement peut limiter à une ou deux les navettes, en demandant à une commission mixte paritaire de préparer un texte susceptible d'être approuvé par les deux chambres. À défaut, l'Assemblée nationale peut avoir le dernier mot.

5. b. Une commission mixte paritaire est une commission de quatorze membres, réunissant en nombre égal des députés et des sénateurs, dans le cadre de la procédure de la navette parlementaire prévue par l'article 45 de la Constitution, en vue de l'adoption d'un texte législatif dans les mêmes termes par les deux assemblées.

6. Le nombre de navettes varie de zéro à l'infini. En cas de désaccord persistant entre les deux chambres, ce nombre est de sept, ou de cinq si le gouvernement proclame l'urgence.

7. La majorité des 3/5 est nécessaire au Congrès pour la révision de la Constitution, et celle des 2/3 l'est dans chacune des deux assemblées pour la procédure de destitution du président de la République.

8. b. Les projets de lois sont d'abord soumis au Conseil d'État pour avis, puis au Conseil des ministres pour adoption.

9. a. Vrai. Il a été sanctionné par France 2, mais aussi par RTL.

10. b. Le Conseil d'État a été créé en l'an VIII... c'est-à-dire en 1799.

11. C'est à la demande du gouvernement que le Conseil constitutionnel, statuant à la majorité absolue, « constate » l'empêchement du président de la République. Sa destitution est, quant à elle, provoquée (en cas de manquement à ses devoirs manifestement incompatible avec l'exercice de son mandat) par les deux assemblées à la majorité des 2/3, puis prononcée par la Haute Cour à cette même majorité. Dans les deux cas, si la procédure aboutit, il faut organiser une nouvelle élection présidentielle.

12. Au Sénat, lors d'un « scrutin public », chaque groupe désigne un mandataire pour voter au nom de l'ensemble de ses membres. Du fait de l'erreur de vote du mandataire les

voix de l'Union centriste ont contribué de façon déterminante à l'adoption d'un amendement, contrairement à la volonté des intéressés. Cet amendement empêche la ratification de l'ordonnance portant répartition des sièges et délimitation des circonscriptions pour l'élection des députés.

13. Une commission d'enquête sénatoriale est composée de 21 membres, élus à la représentation proportionnelle des groupes.

14. L'ancien ministre parlait ainsi, sur le « Talk-Orange » du Figaro, du « lipdub » de l'UMP, dans lequel plusieurs ministres et responsables de ce parti chantaient en playback qu'ils voulaient « changer le monde ».

15. c. C'est le président de la République. Le garde des Sceaux, ministre de la Justice, en est le vice-Président.

16. En cas de mise en cause par la Cour pénale internationale et en cas de procédure de destitution, le président de la République ne bénéficie pas de son immunité.

17. b. Forme d'extension provisoire du domaine réglementaire au détriment du domaine législatif, les ordonnances doivent résulter en amont d'une habilitation (par la loi ou la constitution) et doivent faire l'objet en aval d'une ratification. En matière de traités, le Parlement ne fait qu'autoriser leur ratification.

18. Le principe de précaution a une valeur constitutionnelle depuis l'adoption de la Charte de l'environnement, en 2005.

19. Lors du Conseil des ministres du 26 mars 1986, François Mitterrand indiqua qu'en matière sociale il ne signerait que les ordonnances qui présenteraient « un progrès par rapport aux acquis », et qu'il refuserait donc de signer les ordonnances sur les privatisations, la délimitation des circonscriptions électorales et la flexibilité du temps de travail.

20. b. La dernière adoption d'une motion de censure remonte à octobre 1962. Cette procédure n'existe que depuis 1958, et elle n'a connu un résultat positif qu'une seule fois, aux dépens du gouvernement de Georges Pompidou.

21. a. C'était en juillet 1981. (Entretien au *Monde*, 2 juillet)

Les camps : clivages et partis

Les idéologies et les doctrines 21

1. a. A./ b. B.

2. b. Ces clubs, qui regroupaient des giscardiens, avaient été créés en 1965, puis transformés en Parti populaire pour la démocratie française (PPDF), puis en Convention démocrate en 2002. Le principal animateur en est Hervé de Charrette.

3. C'est le Laboratoire des idées du Parti socialiste, créé en 2009 et animé par le député Christian Paul.

4. Cette phrase fut prononcée par Charles de Gaulle, le 10 mars 1952 lors d'une conférence de presse.

5. a. en ploutocratie : les riches/ b. en ochlocratie : la foule/c. en démocratie : le peuple.

6. Dans son ouvrage *La Droite en France de 1815 à nos jours. Continuité et diversité d'une tradition politique* paru en 1954 (Aubier), l'historien René Rémond distingue la droite *légitimiste*, la droite *orléaniste* et la droite *bonapartiste*.

7. On oppose généralement, à travers ces deux expressions, une gauche plutôt parisienne et mondaine, et une gauche plutôt provinciale (du Sud-Ouest, plus précisément) et plus populaire.

8. Il s'agit d'un laboratoire d'idées. L'expression, née aux États-Unis pendant la Seconde Guerre mondiale, désigne un club ou un cercle non gouvernemental, plus ou moins indépendant d'un parti, capable d'alimenter la vie politique en analyses et propositions.

9. On a curieusement pris l'habitude de signaler ainsi, notamment dans les tableaux

de résultats électoraux, les candidats ou les élus réputés « divers droite », c'est-à-dire de droite mais n'appartenant pas à un parti important dont ceux qui sont investis par lui sont décomptés à part.

10. a. François Mitterrand/ b. Jacques Chirac.

Les organisations partisanes 23

1. a. Union pour un mouvement populaire (créé en 2002 à la place du RPR)/ b. Mouvement pour la France (créé en 1994 par Philippe de Villiers)/ c. Parti radical de gauche (nom adopté en 1998 par l'organisation issue de la scission du Parti radical en 1972, qui a connu plusieurs appellations, dont « Mouvement des radicaux de gauche » et « Radical »)/ d. Mouvement des entreprises de France (qui a succédé au CNPF, Conseil national du patronat français, en 1998), qui n'est pas considéré comme un parti politique.

2. L'Union pour la démocratie française (UDF) a été dissous en 2007.

3. f. Martine Aubry a succédé à François Hollande, élue première secrétaire le 21 novembre 2008, au second tour de scrutin, face à Ségolène Royal, à l'issue du Congrès de Reims.

4. a. C'est vrai. L'UMP a signé un protocole avec le parti communiste chinois en octobre 2009.

5. d. Debout la République (DLR) a été créé en février 1999 comme courant souverainiste du RPR, puis de l'UMP. Après sa rupture avec l'UMP, DLR tient son congrès fondateur comme parti le 23 novembre 2008.

6. Un premier « Mouvement des démocrates » a vu le jour en 1974, créé par Michel Jobert.

7. a. rue de la Boétie/ b. rue de Solférino/ c. rue de Valois (d'où l'appellation courante « Parti valoisien »)/ d. place du Colonel-Fabien.

8. a. Le Parti pirate a été fondé en 2006, sur le modèle du *Piratpartiet* suédois – l'un et l'autre étant affiliés au Parti pirate international. Il se préoccupe des questions de droits d'auteur, de circulation des savoirs et des libertés individuelles sur Internet.

9. b. C'est l'acronyme du nom russe du Département pour l'agitation et la propagande, organe du Parti communiste de l'Union soviétique dans l'entre-deux-guerres.

10. b. Il faut au minimum 20 députés.

11. e. Fondée en 1945, l'UDSR (Union démocratique et socialiste de la Résistance) était le parti de François Mitterrand pendant la IVe République. Les autres sigles sont ceux du Rassemblement pour la République (RPR, 1976-2002), des républicains sociaux (Centre national des Républicains sociaux, CNRS – sic – 1956-1958), de l'Union pour la défense de la République devenue Union des démocrates pour la République (UDR, 1968-1976), de l'Union démocratique pour la Ve République (UD-Ve, 1967-1968), de l'Union pour la nouvelle République (UNR, 1958-1962), de l'Union pour la nouvelle République-Union démocratique du travail (UNR-UDT, 1962-1967), et de l'Union pour un mouvement populaire (UMP, depuis 2002). Il va de soi que l'établissement de cette liste ne préjuge en rien de la fidélité de ces organisations successives à la doctrine gaulliste, qui n'est d'ailleurs plus guère revendiquée par l'UMP, laquelle se veut un rassemblement allant bien au-delà du gaullisme.

12. f. Parti radical 1901/ c. Parti socialiste 1905/ d. Parti communiste 1920/ i. Lutte ouvrière 1968/ a. Front national 1972/ j. Les Verts 1984/ b. Union pour un mouvement populaire 2002/ e. et g. Nouveau Centre et MoDem 2007/ h. Nouveau parti anticapitaliste 2009.

Cet exercice a un sens à condition de prendre la continuité de la dénomination comme critère de la permanence de l'organisation. Mais on pourrait par exemple considérer que le Parti socialiste est né à Épinay-sur-Seine en 1971. Par ailleurs, la nature particulière de Lutte ouvrière pourrait conduire à en faire remonter l'existence à 1936.

13. c. Le traité de Maastricht, entré en vigueur en 1993, déclare : « Les partis politiques au niveau européen sont importants en tant que facteur d'intégration au sein de l'Union. Ils contribuent à la formation d'une conscience européenne et à l'expression de la volonté politique des citoyens de l'Union. »

14. a. Il existait des groupes dès 1952 à l'Assemblée parlementaire de la CECA (Communauté européenne du charbon et de l'acier).

15. a. Parti populaire européen / b. Parti des socialistes européens.

16. C'est l'Alliance progressiste des socialistes et démocrates, réunissant socialistes, sociaux-démocrates et démocrates (les élus du Parti démocrate italien).

Les alliances et les coalitions 25

1. d. Gaston Doumergue prononça cette phrase en 1934 à la Chambre des députés.

2. Le Parti de gauche (PG) a été créé autour de Jean-Luc Mélenchon et Marc Dolez le 1er février 2009, après qu'ils eurent quitté le Parti socialiste. Le Front de gauche est une alliance électorale conclue pour les européennes de 2009 et pour les régionales de 2010 entre, principalement, le Parti de gauche et le Parti communiste français.

3. a. « La droite sans partage » : Législatives mars 1993/ b. « Le défi du changement » : Présidentielle avril-mai 1995/ c. « Du séisme au raz de marée » : Présidentielle avril-mai 2002/ d. « Le président désavoué » : Législatives mai-juin 1997/ e. « L'embellie des Verts » : Européennes juin 1989/ f. « L'avertissement à la gauche » : Municipales mars 1983/ g. « Une majorité à inventer » : Législatives juin 1988/ h. « Le retour de la droite » : Législatives mars 1986.

4. Arc central : « de la gauche de gouvernement à la droite sociale en passant par le centre et l'écologie » Arc-en-ciel : « du PCF au MoDem ».

5. Il s'agit d'Olivier Besancenot. *Besancenot, l'idiot utile du sarkozysme* est le titre d'un ouvrage de Renaud Dély paru en 2009 chez Bourin.

6. e. Rachida Dati est l'intrus pour plusieurs raisons : de ces cinq personnes, c'est la seule femme, c'est la seule à avoir été ministre, c'est la seule à ne pas être à la tête d'un grand groupe économique.

7. e. Cartel des gauches/ a. Front populaire/ b. Front républicain/ c. Union de la gauche/ d. Gauche plurielle.

Cartel des gauches : 1924 (alliance victorieuse des radicaux avec les socialistes, lesquels soutiennent le nouveau gouvernement sans y participer, les communistes étant dans l'opposition ; l'alliance sera renouvelée en 1932).

Front populaire : 1936 (appelé également « Rassemblement populaire », c'est l'alliance victorieuse des radicaux et des socialistes, qui gouvernent ensemble, et des communistes, qui restent en dehors du gouvernement dirigé par Léon Blum).

Front républicain : 1956 (alliance victorieuse de centre-gauche entre les socialistes, les radicaux, l'UDSR et les Républicains sociaux, débouchant sur la formation du gouvernement de Guy Mollet).

Union de la gauche : 1972 (même si l'on en parle dès les années soixante, l'Union de la gauche est la coalition formée par les socialistes, les communistes et les radicaux de gauche à partir de la signature du Programme commun, mise à mal par la crise de l'actualisation dudit Programme commun en 1977, mais reconduite en 1981 et débouchant alors sur l'élection de François Mitterrand et la formation du gouvernement de Pierre Mauroy auquel participent les trois partis, jusqu'en 1984, date de sortie des communistes).

Gauche plurielle : 1997 (alliance réunissant entre 1997 et 2002 les anciens partenaires de l'Union de la Gauche et les Verts, qui participent au gouvernement de Lionel Jospin).

Les acteurs : politiciens et citoyens

La diversité des intervenants politiques 27

1. b. Le référendum législatif, visant à l'adoption ou à l'abrogation d'une loi, relève de ce qu'on appelle la « démocratie directe ».

2. b. Un conseiller en communication politique. L'expression, née dans les années quatre-vingt aux États-Unis, désigne le spécialiste de communication capable d'orienter l'opinion publique grâce à de bons slogans ou de bonnes mises en scène.

3. b. En anglais, *lobby* signifie « couloir ». Faire du lobbying, c'est faire les couloirs des lieux où se prennent les décisions, pour essayer de faire prévaloir les intérêts de ses mandataires. Un lobby est donc un groupe de pression.

4. c. Le Partenariat public-privé (PPP) englobe toutes les procédures, en plein développement, associant contractuellement des entités de droit public et de droit privé pour la réalisation d'opérations diverses et variées.

5. c./ e./ a./ b. Georges Séguy (1967-1982)/ Henri Krasucki (1982-1992)/ Louis Viannet (1992 -1999)/ Bernard Thibault (1999-). André Bergeron a été le secrétaire général de la CGT...-FO (1963-1989).

6. a. Une centaine d'eurogroupes sont approximativement recensés.

7. a. Une AAI est une autorité administrative indépendante – dont on peut toujours contester l'indépendance puisque ses membres sont généralement nommés par le pouvoir en place.

8. Mohammed Moussaoui préside depuis 2008 le CFCM, initié en 1999 et officiellement créé en 2003. Il est par ailleurs vice-président du Rassemblement des musulmans de France.

9. b. Environ 600 groupes de pression sont installés à Bruxelles actuellement, mobilisant plusieurs milliers de personnes.

10. d. Les membres du Conseil constitutionnel, qui siège dans l'aile Montpensier du Palais-Royal, rue Montpensier, dans le Ier arrondissement de Paris.

11. b. C'est 18 %, malgré la loi du 6 juin 2000 sur la parité hommes-femmes en politique, qui n'est efficace que pour les élections au scrutin de liste, alors que les députés sont élus au scrutin uninominal. Les partis restant trop éloignés de la parité sont pénalisés financièrement, mais ne se voient rien imposer.

12. c. Il y a actuellement entre 300 et 400 conseillers d'État.

13. a. La dernière mise en application de l'« état d'urgence » remonte aux émeutes urbaines de 2005 (décret du 8 novembre, avec prorogation par la loi du 18 novembre).

14. b. C'est faux. Depuis la révision constitutionnelle de 2008, un contrôle a posteriori est possible, sous la forme de l'exception d'inconstitutionnalité.

15. C'est le principe selon lequel, en présence de plusieurs niveaux de décision, le niveau le plus local est compétent par défaut.

16. Il s'agit de Nicolas Sarkozy.

Les professionnels de la politique 29

1. a. C/ b. G/ c. F/ d. B/ e. D/ f. A/ g. A/ h. E/ i. C

2. a. C/ b. F/ c. D/ d. A/ e. B/ f. B/ g. E/ h. G

3. Martin Hirsch était haut commissaire aux solidarités actives contre la pauvreté et haut commissaire à la jeunesse. Il a occupé ces fonction entre 2007 et 2010.

4. Il s'agit de Christine Lagarde, qui a battu fin 2009 le record précédemment établi par

Dominique Strauss-Kahn (29 mois, de juin 1997 à novembre 1999).

5. a. l'ancien Premier ministre : Michel Debré, de 1959 à 1962/ b. le président du Conseil constitutionnel : Jean-Louis Debré, depuis 2007/c. le député de Paris : Bernard Debré, depuis 2004.

6. Ils sont tous nés ou ont passé l'essentiel de leur enfance en Afrique (Philippe Séguin est décédé le 6 janvier 2010).

7. a. Cap 2 000 est une association de conchyliculteurs et marins-pêcheurs bretons.

8. Il s'agit de Bernard Accoyer, député de Haute-Savoie.

9. a. MAM : Michèle Alliot-Marie/ b. DSK : Dominique Strauss-Kahn/ c. PMF : Pierre Mendès France/ d. JJSS : Jean-Jacques Servan-Schreiber/ e. JMLP : Jean-Marie Le Pen/f. JMB : Jean-Marie Bockel.

10. b. Faux. C'est Hervé Morin. Jean-Louis Borloo préside le Parti radical (dit « valoisien ») et est vice-président de l'UMP.

11. a. Vrai. La CGLU a été créée en 2004.

12. Il est président de l'Autorité des marchés financiers (AMF, instaurée par la loi du 1er août 2003).

13. a, b et c. Gaston Flosse est ou a été les trois.

14. Ils ont rejoint tous les deux le Nouveau Centre fin 2009.

15. b. C'est faux. C'est Luc Ferry qui est président délégué de cet organisme créé en 2004 auprès du Premier ministre.

16. b. François Fillon a chargé en novembre 2009 Christine Albanel, ministre de la Culture jusqu'au mois de juin précédent, d'une mission sur la numérisation des livres et la lutte contre le piratage des contenus dans l'édition.

17. b. Il s'agit de Jack Lang (à Cuba en février 2009, et en Corée du Nord en octobre de la même année).

18. Marie-Claude Bompard est maire MPF de Bollène et son mari Jacques Bompard est maire MPF d'Orange. Tous deux viennent du Front national.

19. a. A./ b. B./ c. C. Jean-Claude Trichet est président de la Banque centrale européenne (BCE) depuis 2003. Dominique Strauss-Kahn est directeur général du Fonds monétaire international (FMI) depuis 2007. Pascal Lamy est directeur général de l'Organisation mondiale du commerce (OMC) depuis 2005.

20. Victorin Lurel est président du conseil régional de Guadeloupe depuis mars 2004 (date à laquelle il avait battu Lucette Michaux-Chevry, UMP, en poste depuis 1992) et par ailleurs député socialiste depuis 2002.

21. a. Marielle de Sarnez est vice-présidente du MoDem. Laurence Parisot est présidente du Medef. Christiane Taubira est vice-présidente du Parti radical de gauche (PRG).

22. a. Claude Guéant est secrétaire général de la présidence de la République. Henri Guaino est conseiller spécial du président de la République.

23. a. Il s'agit de Jean Sarkozy, élu en mars 2008.

24. a. D./ b. F./ c. C./ d. A./ e. G./ f. B./ g. E.

25. a. A./ b. G./ c. C./ d. E./ e. D./ f. F./ g. B./ h. H./ i.I.

26. b. La « pantoufle » est la somme que doit verser à l'État l'entreprise qui embauche un haut fonctionnaire avant la fin de la période durant laquelle on considère que celui-ci est encore redevable à l'État. Plus largement, le « pantouflage » est le fait de quitter la fonction publique pour rejoindre une entreprise.

27. b. C'est faux. Depuis 1993, c'est la Cour de justice de la République.

28. b. Le nombre exacte est 185.

29. f. Il y en avait exactement 626, selon les chiffres fournis par le gouvernement.

30. c. Cette phrase a été prononcée par Christine Lagarde, en novembre 2007.

Les acteurs ordinaires de la politique 34

1. b. C'est faux. La Bretagne n'a jamais manifesté un penchant lepéniste, sans doute en raison de l'importance de la pratique catholique, généralement peu compatible avec le vote pour le Front national.

2. a. C'est vrai. Ces élections, intervenant entre deux grandes consultations à enjeu national, connaissent généralement un assez fort taux d'abstention et réservent de bons scores à l'opposition. Mais certains paramètres peuvent venir contrarier cette règle.

3. a. C'est vrai. C'est une règle générale, dépassant le contexte actuel de notre pays. Les très rares exceptions concernent le vote pour Jacques Chirac en 1995, après quatorze ans de présidence socialiste, ou encore l'électorat de Jean-Marie Le Pen, bénéficiant d'un rejet de tous les partis ayant exercé le pouvoir durant ces dernières décennies.

4. a. Environ 80 % des ouvriers ont voté *non*.

5. a. Les ouvriers votent plutôt plus Front national que l'ensemble de l'électorat (15 % aux Européennes de 2009, 24 % au premier tour de la Présidentielle de 2002, par exemple).

6. a. Ils ont voté Royal à 59 %.

7. c. Il s'agit de Jacques Chirac. La citation apparaît dans *Le Monde* du 22 février 1988. Mais la formule a été attribuée à d'autres locuteurs.

8. b. Un SSU consiste en l'interrogation d'un échantillon d'électeurs venant de voter. Le prélèvement d'échantillons de bulletins de vote sert aux opérations d'estimation des résultats.

9. c. Environ 300 enquêtes ont été effectuées à l'occasion de la présidentielle de 2007.

10. Il reçoit les éboueurs en action rue du Faubourg-Saint-Honoré.

Les références : la mobilisation de la mémoire

Les événements, les lieux et les dates 36

1. a. Bayeux, première ville de France continentale libérée en 1944, est le lieu du discours du général de Gaulle préfigurant, le 16 juin 1946, la Constitution de la Ve République (« la Constitution de Bayeux »)./ b. Carmaux est célèbre pour la grande grève de ses mineurs en 1892 et est associée au souvenir de Jean Jaurès, leader socialiste et député du Tarn./ c. Dreux est la ville dans laquelle une élection partielle a donné au Front national l'occasion d'un premier bon résultat électoral, au profit de la liste de Jean-Pierre Stirbois lors de l'élection municipale de 1983 suivie de la mise en place d'une alliance RPR-FN (la veuve de Jean-Pierre Stirbois sera élue député de Dreux en 1989).

2. Il s'agit de François Mitterrand, dans *L'Abeille et l'Architecte* (1976).

3. Il s'agit de deux villes où se sont tenus des congrès déterminants pour l'histoire socialiste : c'est à Tours en 1920 que le Parti socialiste SFIO éclate avec la création du Parti communiste, et c'est à Épinay en 1971 que le Parti socialiste se refonde dans sa forme actuelle.

4. C'est Jacques Chirac, le 4 janvier 2006, à propos de la loi sur « le rôle positif de la colonisation ».

5. Dans l'ordre chronologique :

h. 14 juillet 1789 : prise de la Bastille.

i. 4 août 1789 : abandon des privilèges par l'Assemblée constituante.

k. 2 décembre 1851 : coup d'État de Louis-Napoléon Bonaparte.

f. 6 mai 1877 : ouverture de la crise institutionnelle opposant le maréchal Mac Mahon à la Chambre des députés à majorité républicaine, s'achevant le 13 décembre par la victoire des Républicains.

j. 11 novembre 1918 : victoire et fin de la Première Guerre mondiale.

a. 6 février 1934 : manifestation de l'extrême droite antiparlementaire tournant à l'émeute place de la Concorde.

g. 18 juin 1940 : appel du général de Gaulle depuis Londres.

e. 13 mai 1958 : manifestations et prise du Gouvernement général à Alger, à l'origine du retour au pouvoir du général de Gaulle.

b. 22 mars 1968 : naissance du Mouvement du 22-Mars à Nanterre, avec l'occupation du bâtiment administratif de l'université.

d. 10 mai 1981 : élection de François Mitterrand lors du second tour de la présidentielle, face au sortant, Valéry Giscard d'Estaing.

c. 21 avril 2002 : premier tour de l'élection présidentielle, marqué par le fait qu'aucun candidat n'atteint 20 % des suffrages et que le candidat socialiste, Lionel Jospin, est devancé non seulement par Jacques Chirac, mais aussi par Jean-Marie Le Pen, ce qui entraîne l'absence de tout candidat de gauche au second tour.

6. f. Il s'agit de la Tour Eiffel. Les jardins de l'Observatoire ont été le cadre d'une tentative d'attentat controversée contre François Mitterrand en 1959. L'hôtel du Vieux Morvan l'a longtemps accueilli lors de ses séjours à Château-Chinon. C'est à Latché dans les Landes qu'il possédait sa résidence secondaire, et rue de Bièvre à Paris sa résidence principale. La roche de Solutré était un lieu de pèlerinage annuel. La pyramide du Louvre doit son existence à son initiative.

7. Les petits pois à la Clamart ont été prohibés à l'Élysée après l'attentat du Petit-Clamart contre le général de Gaulle, et le bar grillé n'a plus été servi à Matignon quand Raymond Barre était Premier ministre (Jean-Marc Albert, *Aux tables du pouvoir*, Armand Colin, 2009).

Les personnages et leur image 37

1. Par ordre chronologique : Michel Debré/ Georges Pompidou/ Maurice Couve de Murville/ Jacques Chaban-Delmas/ Pierre Messmer/ Jacques Chirac/ Raymond Barre/ Pierre Mauroy/ Laurent Fabius/ Jacques Chirac/ Michel Rocard/ Édith Cresson/ Pierre Bérégovoy/ Édouard Balladur/ Alain Juppé/ Lionel Jospin/ Jean-Pierre Raffarin/ Dominique Galouzeau de Villepin/ François Fillon.
(Jacques Chirac a occupé la fonction durant deux périodes distinctes.)

2. b. C'est ainsi qu'on appelle un partisan d'un pouvoir politique central actif en matière économique. On fait ainsi référence à la pensée et à l'action de Jean-Baptiste Colbert, contrôleur général des finances sous Louis XIV.

3. c. Il s'agit de la petite-fille de Marc Bloch (dans *Le Monde* des 29-30 novembre 2009).

4. Cette formule est de Charles de Gaulle. Elle fut énoncée le 24 novembre 1958 à Provins.

5. a. Il parlait de Jacques Chirac (*L'Abeille et l'Architecte*, 1976).

6. Aucune. Pierre Laval a été fusillé le 15 octobre 1945 à Fresnes.

7. a. « Un ministre ça ferme sa gueule, si ça veut l'ouvrir, ça démissionne » (Jean-Pierre Chevènement, justifiant sa démission du gouvernement, le 22 mars 1983).
b. « J'interviens aujourd'hui à cette tribune, ministre de la Santé, femme et non-parlementaire » (Simone Veil présentant la loi sur l'IVG à l'Assemblée nationale, le 26 novembre 1974).
c. « Qui sème la division récolte le socialisme » (Valéry Giscard d'Estaing, juin 1989. Repris par Jean-Pierre Raffarin en octobre 2009 à l'adresse de Dominique de Villepin).
d. « L'argent, l'argent qui corrompt, l'argent qui achète, l'argent qui écrase, l'argent qui tue, l'argent qui ruine, et l'argent qui pourrit jusqu'à la conscience des hommes ! »

(François Mitterrand, 11 juin 1971, Congrès d'Épinay).

e. « Les prévisions sont difficiles, surtout quand elles concernent l'avenir » (Jacques Chirac, *Le Figaro*, février 1993 ; citation attribuée également à Pierre Dac).

f. « Je veux que l'on sache que vis-à-vis de la calomnie et des calomniateurs, je dispose d'une réserve inépuisable de mépris » (Georges Pompidou, 23 septembre 1971, Conférence de presse au moment de l'Affaire Markovitch).

g. « Aucun domaine n'est réservé au chef de l'État, et il n'y a pas non plus de domaines qui lui soient interdits » (Georges Pompidou, 12 juin 1969, *Le Figaro*).

h. « La droite musclée n'est jamais aussi forte que dans les malheurs de la patrie. Au besoin, elle les fabrique » (François Mitterrand, *L'Abeille et l'Architecte*, 1976).

8. a. « Je vous ai compris. Je sais ce qui s'est passé ici », Charles de Gaulle, Alger, 4 juin 1958.

b. « Toutes les explications du monde ne justifieront pas qu'on ait pu livrer aux chiens l'honneur d'un homme et, finalement, sa vie », François Mitterrand, Nevers, 4 mai 1993, discours aux obsèques de Pierre Bérégovoy, qui s'est suicidé après sa mise en cause dans une affaire d'emprunt.

c. « Aujourd'hui, devant les épreuves qui montent de nouveau vers lui, qu'il [le pays] sache que je me tiens prêt à assumer les pouvoirs de la République », Charles de Gaulle, 15 mai 1958, déclaration à la suite des événements du 13 mai à Alger.

d. « Je ne crois pas avoir ce qu'on appelle un avenir politique. J'ai un passé politique. J'aurai peut-être, si Dieu le veut, un destin national, mais c'est autre chose », Georges Pompidou, 13 février 1969, déclaration à la télévision suisse.

e. « La République est le gouvernement qui nous divise le moins », Adolphe Thiers, 13 février 1850, *Discours à l'Assemblée législative*.

f. « Il est temps que les bons se rassurent et que les méchants tremblent ! », Louis-Napoléon Bonaparte, 13 juin 1849, *Proclamation au peuple français*.

g. « Oui, c'est l'Europe, depuis l'Atlantique jusqu'à l'Oural, c'est l'Europe, toutes ces vieilles terres où naquit, ou fleurit la civilisation moderne, c'est toute l'Europe qui décidera du destin du monde ! » Charles de Gaulle, 23 novembre 1959, *Discours à Strasbourg*.

h. « Comme arbitre, je m'exprimerai avec modération, hors des polémiques et des querelles de personnes. Comme responsable, je vais vous parler du bon choix », Valéry Giscard d'Estaing, Verdun-sur-le-Doubs, 27 janvier 1978, discours de campagne législative.

i. « Bien entendu, on peut sauter sur sa chaise comme un cabri en disant "L'Europe ! L'Europe ! L'Europe !" Mais cela n'aboutit à rien et cela ne signifie rien », Charles de Gaulle, 14 décembre 1965, entretien télévisé avec Michel Droit.

j. « Jamais plus qu'ici et jamais plus que ce soir, je n'ai compris combien c'est beau, combien c'est grand, combien c'est généreux la France », Charles de Gaulle, Alger, 4 juin 1958.

k. « Toute ma vie, je me suis fait une certaine idée de la France », Charles de Gaulle, *Mémoires de guerre* (1940-1946), *L'Appel*.

l. « Je trouve toujours blessant et choquant de s'arroger le monopole du cœur. Monsieur Mitterrand, vous n'avez pas le monopole du cœur », Valéry Giscard d'Estaing, 26 avril 1974, débat télévisé.

m. « Il n'y a que des Français à part entière », Charles de Gaulle, Alger, 4 juin 1958.

n. « D'ailleurs, qui a jamais cru que le général de Gaulle, étant appelé à la barre, devrait se contenter d'inaugurer les chrysanthèmes ? », Charles de Gaulle, 9 septembre 1965, conférence de presse.

o. « La réforme, oui. La chienlit, non ! », Charles de Gaulle, 19 mai 1968, rapporté par Georges Pompidou.

p. « Croit-on qu'à 67 ans, je vais commencer une carrière de dictateur ? », Charles de Gaulle, 19 mai 1958, conférence de presse.
q. « Les idées mûrissent comme les fruits et les hommes. Il faut laisser le temps au temps. Personne ne passe du jour au lendemain des semailles aux récoltes, et l'échelle de l'Histoire n'est pas celle des gazettes », François Mitterrand, 28 avril 1981, Interview au *Nouvel Observateur*.
r. « Ce qui arrivera quand de Gaulle aura disparu ? [...] : ce qui est à redouter, à mon sens, après l'événement dont je parle, ce n'est pas le vide politique, c'est plutôt le trop-plein ! » ; Charles de Gaulle, 15 mai 1965, conférence de presse.

9. Il s'agit de Georges Pompidou, lors d'une déclaration le 7 novembre 1970.

10. Il s'agit de Ségolène Royal.

11. f. Du lait fut distribué dans les écoles à l'initiative du gouvernement de Pierre Mendès France, (1954-1955). Son secrétaire d'État à l'agriculture, Jean Raffarin, serait à l'origine de cette innovation, si l'on en croit son fils Jean-Pierre.

La stratégie discursive en politique 40

1. a. Il s'agit de Jean-François Kahn, dans *Le Monde* du 5 décembre 2009.

2. a. C'est vrai. Elle a été déposée par Hervé de Charette, en 2004, à l'Institut national de la propriété intellectuelle.

3. Est *sarkophile* celui qui aime Nicolas Sarkozy. Est *sarkophobe* celui qui le déteste. Est *sarkophage* celui qui voudrait le manger. Est *sarkocompatible* celui dont les idées ou les pratiques ne sont pas incompatibles avec celles de Nicolas Sarkozy.

4. c. Il s'agit de François Mitterrand. Cette formule fut prononcée le 8 avril 1988 à Rennes.

5. Les jacobins sont les partisans d'un État centralisé garant de l'unité nationale et de l'efficacité de son action – en référence au Club des Jacobins créé en octobre 1789, dont le nom tenait au fait qu'il se réunissait dans l'ancien couvent des Jacobins Saint-Honoré, jusqu'en novembre 1794. L'antonyme de *jacobin* est *girondin*. Mais l'usage de l'un et l'autre adjectif peut faire l'objet de conflit.

6. Les légitimistes étaient rattachés à la légitimité de la branche aînée des Bourbons. Ils se sont de ce fait opposés aux orléanistes et à leur Monarchie de Juillet. Au-delà, le terme est connoté positivement pour les uns, et négativement pour les autres.

7. Ces deux adjectifs dérivés par antonomase du nom du général de Gaulle ne sont pas vraiment synonymes. *Gaulliste* réfère plutôt à ses idées et à ses actions politiques, tandis que *gaullien* réfère plutôt à ses caractéristiques personnelles. On parle ainsi de l'*électorat gaulliste*, mais du *style gaullien*. Il en va de même, par exemple, du couple *mitterrandiste-mitterrandien*.

8. Charte du 4 juin 1814 octroyée par Louis XVIII/ Charte du 14 août 1830 votée et acceptée par Louis-Philippe/ Charte de l'environnement votée par le Congrès le 28 février 2005 et promulguée le 1er mars 2005.

9. Ce néologisme a été utilisé sur la Grande muraille de Chine le 7 janvier 2007 par Ségolène Royal, donnant sa traduction d'un proverbe chinois, selon laquelle « ...qui vient sur la Grande muraille conquiert la bravitude ».

10. a. *inénervable* : François Fillon, devant le groupe UMP, le 3 novembre 2009, à propos de lui-même./b. *abracadabrantesque* : Jacques Chirac, le 21 septembre 2000 à la télévision, à propos des accusations portées contre lui en matière de financement de la vie politique.

11. La formule est de De Gaulle s'adressant à Giscard d'Estaing et lui proposant de lancer un « emprunt Giscard d'Estaing ».

12. Il s'agit de François Mitterrand dans l'ouvrage *Mitterrand par Mitterrand*, paru en 1994.

13. C'est Georges Pompidou dans *Le Nœud gordien*, paru en 1969.

14. a. Parti socialiste : premier secrétaire/ b. Les Verts : secrétaire national/ c. Front national : président/d. Lutte ouvrière : porte-parole.

15. Le logo de campagne de Jacques Chirac à la présidentielle de 1995 était un pommier. Les Guignols de l'info en avaient fait un slogan qui connut un grand succès : « Mangez des pommes ! »

16. b. Jusqu'en 2006, existait la Délégation à l'aménagement du territoire et à l'action régionale (DATAR), remplacée cette année-là par la Délégation interministérielle à l'aménagement et à la compétitivité des territoires (DIACT). L'institution a retrouvé en décembre 2009 son sigle initial, mais pourvu d'une nouvelle déclinaison : Délégation interministérielle à l'aménagement du territoire et à l'attractivité régionale.

17. Le « Grenelle de l'environnement » de 2007 nous rappelle que c'est rue de Grenelle, au Ministère du Travail, que furent conduites les négociations associées à la fin du grand mouvement de Mai 1968. Mais l'usage antonomastique de *Grenelle* avait eu d'autres précédents, à commencer par le « Grenelle de la protection sociale » initié par Pierre Bérégovoy en 1983 (selon Denis Barbet, *Grenelle. Histoire politique d'un mot*, PUR, 2009).

18. Il s'agit de Benoît XVI, dans *Deus caritas* (2006) – selon le blog de Jacques Drillon. Mais c'est bien sûr Ségolène Royal qui fit de cette expression *ordre juste* l'un des thèmes centraux de sa campagne électorale de 2007, non sans susciter surprise et réprobation à gauche.

19. La loi du 15 mars 2004 porte sur les signes religieux dans les écoles publiques. Elle interdit le port de signes « ostensibles », c'est-à-dire visibles et portés dans l'intention d'être vus, manifestant l'appartenance à une communauté religieuse. Votée sous le gouvernement Raffarin, cette loi a suscité beaucoup de controverses.

20. Le 10 mars 2002, Lionel Jospin, en campagne présidentielle, parle de son adversaire Jacques Chirac avec des journalistes dans l'avion qui le ramène de la Réunion. « Il manque d'énergie. Il a vieilli. Il est fatigué. L'exercice du pouvoir l'a usé. Il est d'une grande passivité.» L'allusion par trop directe à l'âge du président suscite de vives réactions. Lionel Jospin semblait avoir oublié que l'euphémisation est de règle dans la vie publique de nos jours. Il n'y a plus de « licenciés », mais des « chercheurs d'emplois », lesquels n'ont certainement pas été « licenciés », mais sont bénéficiaires d'un « plan social », tandis que les « vieillards » sont devenus des gens « du quatrième âge ». L'allusion à la petite taille d'un chef de l'État est pareillement devenue difficile à assumer, de la part d'un homme politique – mais reste monnaie courante sur la Toile.

21. « Je suis ici par la volonté d'un homme. Je suis ici par l'acharnement d'un homme, Nicolas Sarkozy, qui est aussi président de la République française. J'en sortirai libre et blanchi au nom du peuple français ». Ainsi s'est exprimé Dominique de Villepin à son arrivée au procès de l'Affaire Clearstream le 21 septembre 2009.

La Constitution : la mère de toutes les règles

Stabilité et instabilité du texte constitutionnel 44

1. b. C'est faux. Le 4 octobre est la date de sa promulgation. Mais c'est le 28 septembre qu'elle avait été adoptée à une très large majorité par le peuple français. C'est donc à la date du 4 octobre qu'on peut faire commencer la nouvelle république, même si ses institutions ne se sont mises en place que progressivement.

2. b. Concrètement, c'est le président de la République qui choisit soit la voie de l'adoption par les deux assemblées réunies en

Congrès et statuant à la majorité des 3/5 des suffrages exprimés, soit la voie de l'adoption par référendum populaire, les *oui* devant alors être plus nombreux que les *non*. Aucune révision constitutionnelle ne peut donc se faire sans l'accord du président de la République.

3. a. Selon le texte de l'article 89, il faut nécessairement l'accord de chacune des deux chambres, avant de passer soit à la phase référendaire, soit à la procédure du Congrès. Mais en 1962, le général de Gaulle se référa à l'article 11 pour consulter directement les Français, sans avis parlementaire, sur son projet de révision instituant l'élection du président de la République au suffrage universel direct.

4. b. C'est faux. En 1962, il s'était déclaré incompétent, et rien n'a changé depuis lors en la matière. Le Conseil constitutionnel n'a pas son mot à dire sur la procédure suivie.

5. déclaration de 1789 ; préambule de la Constitution de 1946 ; charte de l'environnement de 2004 [adoptée définitivement en 2005].

6. b. C'est faux. C'est toujours la rédaction du début de l'article 2 de la Constitution.

7. a. Son article 4 stipule qu'ils *doivent respecter les principes de la souveraineté nationale et de la démocratie*.

8. laïque ; race ; croyances ; décentralisée ; professionnelles.

9. b. « Sont électeurs, dans les conditions déterminées par la loi, tous les nationaux français majeurs des deux sexes, jouissant de leurs droits civils et politiques. »

Le président : arbitre ou chef de parti ? 46

1. b. C'est faux. La Constitution ne dit pas quel jour de la semaine se déroule le scrutin. Mais elle dit bien que le second tour a lieu *le quatorzième jour suivant* le premier tour.

2. b. Nul ne peut exercer plus de deux mandats consécutifs.

3. c. C'est le président du Sénat qui exerce provisoirement les fonctions du président de la République (exception faite de certaines des compétences les plus importantes), et s'il est à son tour empêché, c'est le Gouvernement.

4. a., b. et c. Ce sont là les trois cas de figure prévus par la Constitution.

5. a. C'est vrai. Mais les conditions de possibilité d'une telle éventualité sont très précises. Un référendum portant sur un objet mentionné ci-dessus peut être organisé à l'initiative d'un cinquième des membres du Parlement, soutenue par un dixième des électeurs inscrits sur les listes électorales. Cette proposition de loi ne peut avoir pour objet l'abrogation d'une disposition législative promulguée depuis moins d'un an. Les conditions de sa présentation et celles dans lesquelles le Conseil constitutionnel contrôle le respect des dispositions mentionnées sont déterminées par une loi organique. Si la proposition de loi n'a pas été examinée par les deux assemblées dans un délai fixé par la loi organique, le président de la République la soumet au référendum. La proposition de loi ne peut porter sur le même sujet qu'une précédente proposition repoussée par référendum, avant l'expiration d'un délai de deux ans suivant la date du premier scrutin.

6. b. C'est faux. L'article 16 demeure, ainsi rédigé en son début : *Lorsque les institutions de la République, l'indépendance de la nation, l'intégrité de son territoire ou l'exécution de ses engagements internationaux sont menacées d'une manière grave et immédiate et que le fonctionnement régulier des pouvoirs publics constitutionnels est interrompu, le président de la République prend les mesures exigées par ces circonstances, après consultation officielle du Premier ministre, des présidents des assemblées ainsi que du Conseil constitutionnel. Il en informe la nation par un message.* Mais une disposition restrictive nouvelle a

été apportée, concernant la prolongation de ces pouvoirs exceptionnels.

7. b. Non. L'article 17 lui donne le droit de faire grâce à titre individuel, et non pas d'effacer la condamnation.

8. messages ; lire ; débat ; Parlement ; Congrès ; session.

9. Il s'agit de Jack Lang. Quelques jours auparavant, il confiait à *Rue 89* : « Cette réforme comporte des avancées positives mais pas suffisantes. Maintenant, s'il ne manque que quatre ou cinq voix au oui, mon vote va compter... Je verrai ce week-end, je ne sais plus... Je n'ai pas encore décidé. »

10. C'est François Hollande, le 10 janvier 2010, sur Europe 1. Il réagissait à la rumeur de sa nomination à la présidence de la Cour des comptes, et signifiait ainsi clairement qu'il serait parmi les présidentiables pour 2012.

Le Gouvernement : entre le marteau et l'enclume 47

1. b. L'article 23 de la Constitution stipule que « les fonctions de membre du Gouvernement sont incompatibles avec l'exercice de tout mandat parlementaire, de toute fonction de représentation professionnelle à caractère national et de tout emploi public ou de toute activité professionnelle ».

2. Je suis François Fillon. Durant l'été 2008, je souffrais « d'une petite hernie discale qui appuie sur le nerf sciatique ». En août 2007, lors d'un déjeuner avec des journalistes de la presse quotidienne régionale, Nicolas Sarkozy avait dit : « Le Premier ministre est un collaborateur, le patron, c'est moi. » Fait exceptionnel, j'avais répliqué quelques jours plus tard : « C'est une expression que je ne reprendrai pas. Un collaborateur, c'est quelqu'un qui est appointé par un patron. Je suis un homme politique. Un homme politique, c'est quelqu'un qui a des convictions, une légitimité – le suffrage universel. »

3. a. C'est vrai. Si la déclaration de guerre est autorisée par le Parlement, celui-ci est simplement informé de la décision du Gouvernement de faire intervenir les forces armées à l'étranger, et l'autorisation parlementaire ne devient nécessaire qu'au-delà de quatre mois. De même, l'état de siège est décrété en Conseil des ministres, mais sa prolongation au-delà de douze jours ne peut être autorisée que par le Parlement.

4. c. et d. L'initiative des lois appartient concurremment au Premier ministre et aux membres du Parlement. Mais les projets de loi (émanant du Premier ministre) sont délibérés en Conseil des ministres.

5. Certaines lois acquièrent dans la presse le nom de la personne censée avoir été à son origine. Il existe ainsi deux *lois Fillon* : celle de 2003 sur les retraites, et celle de 2005 sur l'éducation. Les deux sont donc antérieures à la nomination de François Fillon à la tête du gouvernement.

6. Un remaniement ministériel est la nomination de quelques nouveaux ministres à la place d'autres qui perdent leur poste et/ou une modification dans les attributions et les intitulés de certains ministères. Un changement de gouvernement avec le même Premier ministre est la nomination de l'ensemble des membres d'un nouveau gouvernement, même si la plupart conservent leur portefeuille : la tradition veut que l'on parle alors de gouvernement « Mauroy II », « Barre II », etc. – voire « III » !

7. Le troisième alinéa de l'article 49 de la Constitution permet au Premier ministre d'engager la responsabilité de son gouvernement devant l'Assemblée nationale sur un projet de loi, qui sera alors considéré comme adopté sauf si une motion de censure est votée. Dorénavant, cette possibilité ne concerne plus que les projets de loi de finances ou de financement de la sécurité sociale. Le chef du gouvernement garde néanmoins la possibilité de recourir à cette procédure pour tout projet ou proposition de loi à raison d'un par session.

8. Laurent Fabius a déclaré, en janvier 2009, qu'il croyait « avoir été un des premiers, dès après son élection, à qualifier M. Sarkozy d'*omniprésident* ». Mais il ajoutait aussitôt : « J'avais raison et j'avais tort. Raison, parce que sa présidence se caractérise effectivement par une concentration des pouvoirs sans précédent. Pour autant, le terme d'*omniprésident* n'épuise pas le fond du sujet. Car la vraie nature du sarkozysme ne consiste pas seulement dans cette monopolisation des pouvoirs, mais dans le fait que celle-ci a pour finalité elle-même. En politique intérieure comme extérieure, dans les affaires économiques comme sociales ou culturelles, le principal but de M. Sarkozy se révèle être... M. Sarkozy. » D'où la formule *egoprésident*.

Le Parlement : parlementer ou décider ? 48

1. a. C'est vrai. « Une commission indépendante, dont la loi fixe la composition et les règles d'organisation et de fonctionnement, se prononce par un avis public sur les projets de texte et propositions de loi délimitant les circonscriptions pour l'élection des députés ou modifiant la répartition des sièges de députés ou de sénateurs. » Autrement dit, c'est la loi qui détermine le mode d'élection des députés, mais aussi des sénateurs.

2. c. Le nombre des députés à l'Assemblée nationale ne peut excéder cinq cent soixante-dix-sept. Celui des sénateurs ne peut excéder trois cent quarante-huit.

3. a. et b. Les Français établis hors de France sont représentés à l'Assemblée nationale (depuis 2008) et au Sénat (traditionnellement).

4. L'un et l'autre se disent. Ces deux termes désignent un régime dans lequel existent deux assemblées parlementaires.

5. b. Le Parlement se réunit de plein droit en une session ordinaire qui commence le premier jour ouvrable d'octobre et prend fin le dernier jour ouvrable de juin. Mais une session extraordinaire est possible, à la demande du Premier Ministre ou de la majorité des membres composant l'Assemblée nationale, sur un ordre du jour déterminé : la session extraordinaire est alors ouverte et close par décret du président de la République.

6. a. Le président de l'Assemblée nationale est élu pour la durée de la législature, soit pour cinq ans. Le président du Sénat est élu après chaque renouvellement partiel, soit pour trois ans.

7. b. La création de nouvelles universités n'est pas de la compétence législative.

8. Les projets de loi ayant pour principal objet l'organisation des collectivités territoriales sont soumis en premier lieu au Sénat.

9. a. Oui, cette disposition existe dans la Constitution depuis la révision constitutionnelle de 2008.

10. a. C'est vrai. C'est l'exacte rédaction de l'article 50 de la Constitution.

Le Conseil constitutionnel : un gouvernement des juges ? 50

1. h. Léon Noël, i. Gaston Palewski, d. Roger Frey, f. Daniel Mayer, a. Robert Badinter, c. Roland Dumas, e. Yves Guéna, g. Pierre Mazaud et b. Jean-Louis Debré.

2. Il s'agit de Valéry Giscard d'Estaing. Georges Pompidou en a nommé un, Charles de Gaulle deux, Jacques Chirac et François Mitterrand trois chacun. Pendant dix-sept ans, le Conseil a été présidé par une personnalité nommée par François Mitterrand.

3. la République ; l'Assemblée nationale ; soixante ; soixante.

4. b. C'est faux. Le Conseil constitutionnel veille à la régularité de l'élection du président de la République, examine les réclamations et proclame les résultats du scrutin. Il statue, en cas de contestation, sur la régularité de l'élection des députés et des sénateurs. Il veille à la régularité des opérations de référendum et en proclame les résultats. Pour le reste, c'est le juge administratif, et dans une moindre mesure le juge judiciaire,

qui sont compétents en matière de contentieux électoral.

5. Les lois organiques, avant leur promulgation, les propositions de loi mentionnées à l'article 11 avant qu'elles ne soient soumises au référendum, et les règlements des assemblées parlementaires, avant leur mise en application, doivent être soumis au Conseil constitutionnel qui se prononce sur leur conformité à la Constitution.

6. Les décisions du Conseil constitutionnel ne sont susceptibles d'aucun recours. Elles s'imposent aux pouvoirs publics et à toutes les autorités administratives et juridictionnelles. Une disposition déclarée inconstitutionnelle ne peut être promulguée ni mise en application, ou est abrogée, selon le type de procédure adopté.

7. b. C'est faux. C'est le rôle du Conseil supérieur de la magistrature.

8. b. La peine de mort a été abolie par une loi de 1981 votée sur proposition du garde des Sceaux, Robert Badinter. En 2007, une révision constitutionnelle a inséré dans la loi fondamentale un article 66-1 ainsi rédigé : *Nul ne peut être condamné à la peine de mort.*

9. a. C'est la création d'une « taxe carbone » qui a été annulée par le Conseil constitutionnel.

10. Ces trois citations sont extraites d'un entretien avec Patrick Devedjian, ministre de la Relance, publié par *Le Monde.fr* le 12 janvier 2010.

11. b. Le traité l'emporte sur la loi. Selon l'article 55, « les traités ou accords régulièrement ratifiés ou approuvés ont, dès leur publication, une autorité supérieure à celle des lois, sous réserve, pour chaque accord ou traité, de son application par l'autre partie ». Mais, selon l'article 54, « si le Conseil Constitutionnel, saisi par le président de la République, par le Premier ministre, par le président de l'une ou l'autre assemblée ou par soixante députés ou soixante sénateurs, a déclaré qu'un engagement international comporte une clause contraire à la Constitution, l'autorisation de ratifier ou d'approuver l'engagement international en cause ne peut intervenir qu'après révision de la Constitution ».

12. « Font de droit partie à vie du Conseil Constitutionnel les anciens présidents de la République ». La Constitution n'en dit pas davantage.

13. a. C'est vrai. Les fonctions de membre du Conseil constitutionnel sont incompatibles avec celles de ministre ou de membre du Parlement. Mais cela n'empêche pas des membres du parlement ou du gouvernement de devenir membre du Conseil constitutionnel – auquel cas ils cessent d'être parlementaires ou ministres.

Connaissez-vous bien la Constitution ? 52

PRÉAMBULE : aux Droits de l'homme/ de la souveraineté nationale/ décentralisée. TITRE PREMIER : par le peuple et pour le peuple/ du référendum. TITRE II : de l'indépendance nationale/ deux/ du Gouvernement/ le Gouvernement/ le report de l'élection/ quinze jours/ de l'Assemblée nationale/ président de la République/ territoire. TITRE III : l'exécution/ ministres/ public. TITRE IV : Gouvernement/ Sénat/ trois cent quarante-huit/ d'octobre/ de juin/ président de la République/ aux deux assemblées. TITRE V : par le Parlement/ en Conseil des ministres/ Conseil d'État/ huit/ d'amendement/ mixte/ un dixième/ la démission du Gouvernement. TITRE VI : d'une loi. TITRE VII : neuf/ ministre/ du Parlement. TITRE VIII : garant de l'indépendance/ à la peine de mort. TITRE IX : n'est pas. TITRE X : sont. TITRE XII : les communes. TITRE XV : 13 décembre 2007/ référendum/ Gouvernement/ la Cour de justice de l'Union européenne.

La politique française et le monde

L'Afrique : l'ère postcoloniale 57

1. *Françafrique* désigne les réseaux d'influence français en Afrique, et plus largement la nature particulière des relations entre la France et ses anciennes colonies d'Afrique, notamment subsaharienne. L'expression semble avoir été employée pour la première fois, en 1955, par le futur président de la Côte d'Ivoire, Félix Houphouët-Boigny, pour définir les bonnes relations avec la puissance colonisatrice française dont il était député, tout en militant pour l'indépendance de son pays (selon Wikipédia). Mais le succès de la formule tient sans doute à la publication de La *Françafrique. Le plus long scandale de la République*, un ouvrage de François-Xavier Verschave (Stock, 1998).

2. c. L'Opération Turquoise est une opération militaire française organisée en juin 1994 sous l'égide de l'ONU, afin de contribuer à la sécurité et à la protection des personnes déplacées, des réfugiés et des civils au Rwanda, pays qui connaît un génocide dont la responsabilité incombe à un gouvernement reconnu seulement par Paris. En France comme à l'étranger, la neutralité des troupes françaises face aux auteurs du génocide a été fortement contestée, quand elle n'a pas été assimilée à de la complicité. Des suites judiciaires sont encore en cours.

3. Albert-Bernard Bongo, né en 1935, adopta plus tard le prénom Omar. C'est sous cette identité qu'il accéda en 1967 à la présidence de la République gabonaise. On considère que c'est le général de Gaulle qui, sur les conseils de son homme de l'ombre Jacques Foccart, le désigna comme successeur de Léon Mba, lorsque celui-ci tomba gravement malade. Après le décès d'Omar Bongo le 8 juin 2009, son fils Ali fut élu pour le remplacer, non sans que beaucoup voient en lui le candidat choisi par Paris.

4. c. Après un cessez-le-feu qui mit fin à de violents troubles en Côte d'Ivoire, dix mille casques bleus s'interposèrent entre les belligérants, dont la moitié de soldats français (Opération Licorne). C'est alors, en janvier 2003, que la France accueille à Marcoussis une table ronde rassemblant les chefs des différents groupes en compétition pour le pouvoir. Présidée par Pierre Mazeaud, président du Conseil constitutionnel (français), cette négociation aboutit à un accord politique prévoyant un gouvernement de réconciliation nationale. Cet accord sera suivi d'autres négociations, mais sept ans plus tard, les élections prévues n'ont toujours pas pu être organisées.

5. Sous une tente, dans les jardins de l'hôtel Marigny. Mouammar Kadhafi, invité à Paris en décembre 2007 par Nicolas Sarkozy, fut notamment reçu à l'Assemblée nationale. Son séjour parisien de cinq jours suscita de vives polémiques – que son comportement ne fit qu'attiser. Considéré par Bernard-Henri Lévy comme « un grand terroriste et un preneur d'otages international », le colonel sut sans doute que sa présence officielle en France avait été qualifiée d'« indigne » par François Bayrou.

6. Les sept moines trappistes de Tibéhirine disparurent dans la nuit du 26 au 27 mars 1996, et furent déclarés victimes d'un enlèvement et d'un assassinat attribués par le gouvernement algérien au groupe islamiste GIA. Récemment, l'hypothèse a été émise que c'est l'armée algérienne qui aurait tué les religieux lors d'une attaque aérienne, et que cette bavure aurait été mise sur le compte des terroristes, avec l'aval des autorités françaises.

7. Le sac de Bernard Kouchner contenait du riz. En 1992, Bernard Kouchner est ministre de la Santé dans le gouvernement de Pierre Bérégovoy. Il lance dans les écoles françaises l'opération « Du riz pour la Somalie ». En décembre, il arrive à Modagiscio, un sac de riz sur l'épaule. Le geste est largement médiatisé.

8. L'ouvrage de Gilles Perrault intitulé *Notre ami le roi* (Gallimard, 1998) était consacré au roi du Maroc Hassan II, dont les trente ans de règne y étaient présentés comme ceux d'une dictature brutale caractérisée par l'usage de l'internement arbitraire et de la torture.

9. b. L'Union pour la Méditerranée (UPM – à ne pas confondre avec l'UMP !) est une organisation internationale dont l'appellation officielle est « Processus de Barcelone. Union pour la Méditerranée ». Elle a été fondée le 13 juillet 2008 à l'initiative de Nicolas Sarkozy. Contrairement au projet initial présenté par celui-ci en mars 2008 et qui s'en tenait aux pays riverains de la Méditerranée, l'UPM regroupe finalement tous les États de l'Union européenne, comme l'exigeait l'Allemagne : la Finlande en fait donc partie – et demain, l'Islande... La Ligue arabe en est membre en tant que telle. Mais c'est Jacques Chirac qui avait été à l'initiative du Processus de Barcelone, en 1995.

L'Amérique : la question de l'atlantisme 58

1. La formule « Amis, alliés, pas alignés » a été prononcée en 2001 par Hubert Védrine, alors ministre des Affaires étrangères. Mais nombreux sont ceux qui l'ont reprise.

2. c. La France n'a jamais quitté l'Organisation du traité de l'Atlantique Nord (OTAN), organisation internationale politico-militaire souvent appelée « Alliance atlantique » et créée en 1949. Mais en septembre 1965, le général de Gaulle avait annoncé lors d'une conférence de presse le retrait de la France du commandement intégré de l'OTAN. Les troupes américaines durent alors quitter la France, de même que le siège de l'OTAN et le Grand quartier général des puissances alliées en Europe, le SHAPE. L'opposition socialiste et radicale dépose alors une motion de censure contre le gouvernement Pompidou. Le 11 mars 2009, Nicolas Sarkozy annonce la réintégration de la France dans la structure militaire de l'Alliance – mouvement déjà amorcé par Jacques Chirac. Les socialistes dénoncent un retour décidé sans contreparties américaines et menaçant l'Europe de la Défense.

3. Ce n'est que le 4 avril 2009 que Nicolas Sarkozy a pu avoir un entretien officiel en tête-à-tête avec Barack Obama, à l'occasion du sommet de l'OTAN à Strasbourg. On dit que le Président français aurait souhaité une rencontre beaucoup plus rapide après l'élection du nouveau président américain, dont il a dit qu'il était son « copain ».

4. a. Louis Giscard d'Estaing, député UMP du Puy-de-Dôme, préside le Groupe France-États-Unis de l'Assemblée. Maxime Gremetz et Jean-Louis Touraine en sont deux des vice-présidents. Ni Valéry Giscard d'Estaing, ni Dominique de Villepin, ne sont membres de l'Assemblée nationale.

5. Invité par le couple Bush à Walker's Point, le couple Sarkozy demanda quelques heures avant le déjeuner à être excusé : la « première dame de France » était victime d'une « angine blanche ». C'est donc seul que Nicolas Sarkozy honora l'invitation. Mais son épouse avait été vue la veille se faisant bronzer avec Rachida Dati, Ministre de la Justice, et elle sera vue le lendemain faisant du shopping en short. De là à penser que la maladie de Cécilia Sarkozy était diplomatique, il n'y avait qu'un pas – qui fut vite franchi.

6. En 2005, condamné à un an d'inéligibilité dans l'Affaire des emplois fictifs de la Ville de Paris, Alain Juppé part pour un an à Montréal, afin d'y donner des cours. Cinq ans auparavant, un autre homme politique français, Philippe Séguin, avait fait de même.

7. La franco-colombienne Íngrid Betancourt avait été enlevée par les Forces armées révolutionnaires de Colombie (FARC), le 23 février 2002. Le grand retentissement médiatique de ce rapt donna à l'otage une réelle plus-value pour les rebelles. Elle sera délivrée le 2 juillet 2008, par l'armée nationale colombienne, après de multiples

rebondissements dans lesquels le rôle de la France et de son président ne semble pas avoir été déterminant. En décembre 2007, Nicolas Sarkozy avait adressé deux messages radio-diffusés aux geôliers de la sénatrice. Lors d'un point de presse officiel en mars 2008, le ministre français des affaires étrangères Bernard Kouchner avait confirmé l'existence de contacts avec certains dirigeants des FARC. Dans la nuit du 28 au 29 mars 2008, un avion médicalisé envoyé par l'Élysée s'était posé discrètement sur la piste de Cayenne, et était reparti vide, dans le plus grand mystère. Le Premier ministre français avait proposé le statut de réfugié politique aux guérilleros. Le surlendemain de sa libération, Íngrid Betancourt rejoint la France, rencontre Nicolas Sarkozy et multiplie les visites, y compris à Lourdes. Tout au long de ces épisodes, la polémique sera atténuée par le souci de ne pas compromettre la libération de l'otage, puis par la crainte de contrarier la popularité dont elle jouit – même si des révélations viendront ultérieurement écorner celle-ci.

8. D'origine française très lointaine mais non francophone, Michelle Bachelet, fille d'un collaborateur de Salvador Allende détenu et torturé à ce titre sous la dictature de Pinochet, comme le sera sa fille, est présidente socialiste de la République chilienne depuis le 11 mars 2006. Elle a reçu Ségolène Royal le 1er novembre 2007

9. Florence Cassez est une jeune Française arrêtée en 2005 et condamnée en appel à soixante ans de prison par la Justice mexicaine pour enlèvement, juste avant une visite officielle du Président français au Mexique en mars 2009. Plusieurs élus ont demandé l'annulation de ce voyage. Le président mexicain Felipe Calderon évoque alors la possibilité d'un transfèrement de l'intéressée en France. Le voyage eut lieu, et les deux présidents se sont rencontrés. Depuis, la situation n'a guère évolué.

10. Pendant la visite de Nicolas Sarkozy à Brasilia, un communiqué commun a annoncé que le Brésil voulait entrer en négociation avec Paris pour l'acquisition de 36 avions de combat Rafale. Cinq ans après sa mise en service, le Rafale serait ainsi, pour la première fois, vendu à l'étranger. Les négociations sont encore en cours début 2010. Les Émirats Arabes Unis, la Grèce, le Qatar et le sultanat d'Oman seraient également des clients potentiels.

L'Asie : d'un Orient à l'autre 60

1. Yasser Arafat est mort dans la région parisienne le 11 novembre 2004, à l'âge de 75 ans. Le président de l'Autorité palestinienne, prix Nobel de la Paix 1994, avait quitté son quartier général de Ramallah où le pouvoir israélien le tenait cloîtré. Via la Jordanie, il rejoint la France où vivent ses deux filles. Il meurt à l'Hôpital d'instruction des armées Percy à Clamart. Un hommage officiel lui est rendu à l'aérodrome militaire de Villacoublay, en présence du Premier ministre Jean-Pierre Raffarin. Après une cérémonie au Caire, il est inhumé dans son palais présidentiel de la Mouqata'a.

2. En visite dans la vieille ville de Jérusalem, Jacques Chirac s'était emporté contre le service d'ordre israélien qui empêchait les Palestiniens de l'approcher. Sa réaction, en anglais, avait fait grosse impression : « This is a provocation ! ».

3. Exilé d'abord en Turquie puis en Irak, l'Ayatollah Khomeiny part pour la France en 1978 et s'installe à Neauphle-le-Château, dans la région parisienne. C'est de là qu'il part pour Téhéran en révolution, le 1er février 1979. Il y prend le pouvoir dix jours plus tard.

4. c. Un accord signé en 2006 a permis l'ouverture à Abou Dhabi, dans les Émirats arabes unis, d'un établissement universitaire, appelé « Sorbonne-Abou Dhabi », dispensant en français des enseignements de l'Université Paris-Sorbonne, avec le concours de professeurs parisiens. D'autres partenariats internationaux ont été signés par les ÉAU, notamment avec Harvard.

5. d. Début 2010, 1500 militaires français font partie de la Force internationale de l'OTAN en Afghanistan, et sont en action en Afghanistan, au Tadjikistan, au Kirghizistan et dans l'Océan indien. Mais 400 autres participent à l'opération Enduring Freedom et traquent les talibans et les membres d'Al Qaïda.

6. Le 8 mai 2002, quatorze Français sont victimes d'un attentat à Karachi. Il s'agissait de salariés de la DCN, la Direction des constructions navales. L'action est immédiatement imputée au terrorisme islamiste. Mais plus récemment, une autre piste a pris une certaine consistance : celle de représailles de militaires pakistanais suite à l'arrêt, décidé en 1995 par Jacques Chirac, du versement de commissions après la vente de sous-marins, lesquelles commissions auraient aussi alimenté le financement occulte de l'action politique d'Edouard Balladur, son récent adversaire à l'élection présidentielle. Une nouvelle fois, la politique étrangère aurait servi à financer la politique intérieure. Une plainte a été déposée.

7. b. C'est faux. La rencontre a eu lieu en décembre 2008. La nuance est diplomatiquement importante. Compte tenu de l'extrême sensibilité du gouvernement chinois sur la question du Tibet, le président de la République n'avait pas voulu s'entretenir avec le Dalaï-Lama lors de sa visite en France au moment des Jeux Olympiques de Pékin, après le passage mouvementé de la flamme olympique à Paris – suite à la répression de manifestations à Lhassa. Le chef tibétain n'avait alors rencontré que le ministre des Affaires étrangères, Bernard Kouchner, et l'épouse du président, Carla Bruni-Sarkozy. L'entrevue a finalement eu lieu en décembre, à l'occasion d'une cérémonie organisée pour le vingt-cinquième anniversaire de la remise du Prix Nobel à Lech Walesa.

8. c. et d. Diên Biên Phu se trouve au Tonkin, et donc au Vietnam. Grande plaine au milieu d'une vaste région militaire, les Japonais y avaient installé un aérodrome pendant la Seconde guerre mondiale. Devenue camp retranché français pendant la Guerre d'Indochine, cette « cuvette » fut le théâtre d'une bataille décisive entre les troupes Viêt Minh du général Giap et le corps expéditionnaire français du général de Castries. La chute de Diên Biên Phu, le 7 mai 1954, signifia la fin de l'Indochine française.

9. Le président de la République, Nicolas Sarkozy, s'est rendu en Inde du 24 au 26 janvier 2008, accompagné de Rama Yade. Au-delà des aspects politiques et économiques de ce déplacement, la presse indienne s'était posé beaucoup de questions sur l'éventuelle présence de Carla Bruni auprès du président français, le protocole indien ne prévoyant pas de place particulière pour l'amie d'un chef d'État étranger. De fait, le mariage ne tardera pas, simplifiant la tâche des services de protocole tant français qu'étrangers.

10. b. C'est faux. L'ASEAN (Association of Southeast Asian Nations), créée à Bangkok en 1967, regroupe aujourd'hui dix États du Sud-Est asiatique. Mais il existe un « Dialogue Asie-Europe », processus informel créé en 1996 par l'ASEAN et l'UE, et la France est par ailleurs « partenaire » du Forum des Îles du Pacifique, dont la Nouvelle-Calédonie et la Polynésie française sont membres associés.

11. Il s'agit de l'« Affaire des frégates de Taïwan », qui alimente les rubriques diplomatique, judiciaire et politique depuis la signature en 1991 d'un très important contrat au bénéfice du groupe Thomson-CSF. D'abord problématique dans les premiers temps de sa négociation au vu de la situation très particulière de l'île autrefois appelée Formose et que la Chine considère comme l'une de ses provinces, ce contrat provoqua un scandale en raison de l'ampleur et de la destination des commissions et rétro-commissions versées à cette occasion – quelque 500 millions de dollars.

12. c. En 1966, ayant dû quitter le Sahara suite aux Accords d'Évian, la France procède

dans le Pacifique à ses essais d'armes nucléaires, d'abord aériens, puis souterrains. En 1985, est signé le Traité de Rarotonga, qui déclare le Pacifique Sud « zone dénucléarisée », mais la France n'y est pas partie. En 1992, François Mitterrand décide d'un moratoire. En 1995, tout juste quarante ans après Hiroshima, Jacques Chirac rompt ce moratoire et ordonne six nouveaux essais. Le dernier sera effectué en janvier 1996, après quoi la France passera à la simulation et signera, en septembre de la même année, le Traité d'interdiction complète des essais nucléaires. La décision de Jacques Chirac en 1995 avait suscité de vives réactions, tant dans la vie politique française que dans les relations internationales.

L'Europe... mais quelle Europe ? 62

1. Il s'agit bien sûr de François Mitterrand, alors président de la République française, et d'Helmut Kohl, alors Chancelier de la République fédérale d'Allemagne, à Verdun, le 22 septembre 1984, à l'occasion du soixante-dixième anniversaire de la bataille la plus meurtrière de la Première Guerre mondiale. Cette image constitue en quelque sorte le second temps fort de ce qu'on a appelé la « réconciliation franco-allemande », après le Traité de l'Élysée de 1963.

2. pacifisme ; missiles. En pleine crise des missiles en Europe, marquée par le déploiement de missiles SS-20 par l'Union soviétique et la décision de l'OTAN d'installer des missiles de croisière Pershing II, de grandes manifestations pacifiques, soutenues par les partis communistes, sont organisées dans différents pays d'Europe occidentale. La déclaration de François Mitterrand au Bundestag contribua à modifier le rapport de forces politique : les fusées américaines furent installées à partir de 1985 et l'URSS entama des négociations pour l'élimination des missiles nucléaires de portée intermédiaire.

3. Selon ce qu'il en a dit lui-même sur Facebook lors du vingtième anniversaire de l'événement, Nicolas Sarkozy était à Berlin, donnant personnellement quelques coups de pioche sur l'édifice. Il dit avoir appris le matin à Paris l'imminence de l'événement, et s'être précipité dans l'ancienne et future capitale allemande, avec Alain Juppé – à l'époque secrétaire général du RPR, dont l'actuel président de la République était secrétaire général adjoint. Ils auraient alors rencontré là-bas François Fillon. Les commentateurs ne se sont pas privés de rappeler que personne ne prévoyait la chute du Mur avant le soir même du 9 novembre 1989. De fait, tout semble indiquer que la mémoire sarkozienne a été quelque peu enjolivée pour l'occasion.

4. plombier ; estonien. On est alors en pleine campagne référendaire pour l'adoption du Traité constitutionnel européen, que sera rejeté par une majorité de Français deux mois plus tard. Certains ont vu dans ce propos une défense des droits sociaux des Français, d'autres ont dénoncé l'appel à la xénophobie.

5. C'est dans la capitale slovène, Ljubljana, que fut édifié en 1929 un monument célébrant les vertus de la création en 1809 par Napoléon des Provinces illyriennes, au sein de l'Empire français.

6. En mars 1997, une grève a été suivie dans plusieurs pays d'Europe, pour protester contre la fermeture annoncée de l'usine Renault de Vilvorde, en Belgique. Les salariés belges, français et espagnols étaient solidaires.

7. ménagère ; couilles. Depuis son entrée dans la construction européenne en 1972, le Royaume-Uni est volontiers accusé par la France de vouloir les avantages de l'adhésion sans en accepter le coût. Margaret Thatcher, tout particulièrement, a le don d'irriter ses homologues français. C'est no-

tamment le cas de Jacques Chirac, alors Premier ministre, qui, croyant les micros fermés, lance ce commentaire musclé face aux exigences de la Dame de fer.

8. Les « pour » : c., e., f., g., i.

Les « contre » : a., b., d., h.

Sont résolument hostiles à l'entrée de la Turquie : Debout la République, le Front national, le MoDem, l'UMP. Tous les autres sont plus ou moins partisans, au moins sur le principe, d'une future adhésion turque. Le clivage Droite-Gauche n'est pas mort...

9. Il y a eu jusqu'ici douze présidences françaises de la Communauté et de l'Union européenne. De 1958 à 1972, il y en eut cinq : la Communauté économique européenne ne comptait alors que six États membres, et la rotation était donc rapide, chacun présidant un semestre tous les trois ans. Le rythme ralentit avec le passage à neuf, puis à dix : la France préside trois fois l'Europe durant cette période. Elle préside deux fois l'Europe des Douze, puis une fois celle des Quinze. C'est au second semestre 2008 que la France a assuré la présidence de l'Europe des Vingt-Sept.

10. Nicolas Sarkozy a assisté le 20 décembre 2007 à la « messe pour la France » à Saint-Jean-de-Latran et s'est vu conférer le titre de « chanoine honoraire » de cette basilique. À cette occasion, il a déclaré que la laïcité « n'a pas le pouvoir de couper la France de ses racines chrétiennes » et que les religions ne sont pas un danger « mais plutôt un atout », concluant en assurant que « la France a besoin de catholiques convaincus ». L'humoriste Jean-Marie Bigard était du voyage.

11. Alors que la France présidait l'Union européenne, en août 2008, Nicolas Sarkozy s'est rendu à Moscou et à Tbilissi pour des négociations destinées à mettre un terme à la guerre entre la Russie et la Géorgie, avec un cessez-le-feu, le retrait des forces militaires et l'ouverture de discussions. « On n'est pas encore à la paix, mais on est à la cessation provisoire des hostilités », a-t-il déclaré. Cette médiation contribuera à faire apparaître le semestre de présidence française de façon positive.

12. Les Chefs d'État ou de gouvernement ont signé, le 13 décembre 2007, le Traité de Lisbonne. Le texte a ensuite été ratifié par chaque État membre selon les deux modalités possibles, faisant intervenir soit un référendum, soit un vote parlementaire. L'Irlande a voté « non » lors d'un premier référendum en juin 2008. Un deuxième référendum sur le traité a eu lieu le 2 octobre 2009 : le « oui » l'a emporté à plus de 67 % des voix. Après la signature de la Pologne, le président tchèque Vaclav Klaus a signé le traité de Lisbonne le 3 novembre 2009. L'ensemble des États membres avait alors ratifié le traité, qui est entré en vigueur officiellement le 1er décembre 2009. C'est la Hongrie qui avait été la première à procéder à la ratification – par la voie parlementaire, fin 2007 – suivie par la Suède, fin 2008. Vingt-quatre des vingt-sept membres ont ratifié le Traité durant l'année 2008 – dont la France, le 14 février, après un vote d'autorisation de son parlement : la voie référendaire avait été écartée, au grand dam de ceux qui avaient soutenu le « non » en mai 2005.

La communauté internationale : la place de la France, enjeu politique 64

1. c. L'Organisation des Nations unies a été créée en 1945. La France en était membre fondateur. L'ONU prenait la suite de la Société des Nations, mise en place en 1919 et dont la France était également l'un des États initiateurs.

2. a. Le 10 septembre 1960 à Nantes, en pleine crise du Congo, le général de Gaulle a évoqué « le machin qu'on appelle l'ONU ». Les commentateurs de l'époque ont pu déceler quelque nuance péjorative dans l'emploi de ce terme.

3. b. C'est faux. En 2003, la seule menace de son utilisation par la France a conduit les États-Unis et le Royaume-Uni à se passer de toute résolution du Conseil de sécurité pour envahir l'Irak. La France utilise peu son droit de veto. On retiendra le veto français, en 1976, pour faire respecter la volonté des habitants de Mayotte de rester français, et vingt ans plus tôt, le double veto britannique et français contre un projet de résolution les condamnant pour leur intervention à Suez.

4. b. C'est faux. Dans les gouvernements de Pierre Mauroy, l'appellation « ministre des Affaires étrangères » avait été remplacée par celle de « ministre des Relations extérieures ». La cohabitation, en 1986, mettra fin à cette parenthèse lexicale qui a concerné Claude Cheysson de 1981 à 1984, puis Roland Dumas de 1984 à 1986. Bernard Kouchner est actuellement « ministre des Affaires étrangères et européennes ».

5. a. C'est vrai. Du 16 décembre 1946 au 22 janvier 1947, Léon Blum préside le dernier Gouvernement provisoire de la République française, au moment de la mise en place de la IVe République. Dans ce gouvernement, il se charge lui-même du ministère des Affaires étrangères. Et comme il a rang de Chef d'État – avant la prise de fonction de Vincent Auriol – il est aussi co-prince d'Andorre.

6. « La République participe au développement de la solidarité et de la coopération entre les États et les peuples ayant le *français* en partage ».

L'Organisation internationale de la Francophonie (OIF) est une personne morale de droit international public et possède une personnalité juridique, dont le siège est à Paris (France). Elle a été créée par la Convention de Niamey du 20 mars 1970 sous l'appellation d'« Agence de coopération culturelle et technique » (ACCT).

7. b. Il s'agit de l'Alliance française de Paris. Comme la création de Sciences Po onze ans plus tôt, celle de l'Alliance se voulait une façon de réagir à la défaite de 1870. Aujourd'hui fondation, l'Alliance française de Paris franchise plus d'un millier de comités installés dans 135 pays.

8. b. La SAEF est la Société de l'audiovisuel extérieur de la France, parfois appelée seulement AEF, dont la chaîne France 24 est une filiale à 100 %. Dès août 2007, Nicolas Sarkozy avait demandé aux ministres Bernard Kouchner et Christine Albanel de réorganiser la présence audiovisuelle internationale de la France. La SAEF est une société holding regroupant RFI, France 24 et TV5Monde – qu'elle contrôle à 49 %. En février 2008, Christine Ockrent en est nommée directrice générale déléguée. Sa qualité de compagne du ministre des Affaires étrangères a contribué à alimenter une polémique, de même que sa nationalité belge.

9. b. On considère qu'environ deux cent millions de personnes sont véritablement francophones. Mais les pays participant institutionnellement à la Francophonie regroupent plus de huit cent millions d'habitants. Le français est langue officielle dans trente-deux États. En France, quelques hautes personnalités ont ces dernières années suscité la polémique en utilisant la langue anglaise d'une façon jugée inacceptable, comme par exemple : Richard Descoings, directeur de Sciences po Paris (qui a correspondu en anglais avec le lycée français de Madrid), Valérie Pécresse, ministre de l'Enseignement supérieur et de la Recherche (qui a déclaré qu'il fallait briser le tabou de l'anglais dans les institutions européennes), Christine Lagarde, ministre de l'Économie (qui a communiqué avec ses services ministériels en anglais), Jean-Claude Trichet, président de la Banque centrale européenne (qui s'est adressé en anglais au Parlement européen), etc. L'Académie de la Carpette anglaise leur a décerné un prix d'« indignité civique ».

10. La réponse à cette question est objet de débat. Les plus « libéraux » considèrent volontiers que l'expression *patriotisme*

économique est un euphémisme pour dire *protectionnisme*, et invoquent la liberté des échanges et/ou le caractère dépassé des frontières nationales. Les autres peuvent donner un contenu positif à la notion de *patriotisme économique*, mais peuvent aussi s'en servir dans leurs discours pour cacher leur impuissance à satisfaire certaines demandes populaires, notamment en matière d'emploi. Dominique de Villepin, alors Premier ministre, avait donné un certain retentissement à la formule, le 27 juillet 2005, lors d'une conférence de presse, à la suite de rumeurs d'OPA sur un grand groupe français.

11. c. Belgique, Luxembourg, Allemagne, Suisse, Italie, Monaco, Espagne, Andorre, Brésil, Suriname. La position sur le continent sud-américain du département de Guyane n'est pas sans importance à l'heure où le Brésil monte en puissance sur la scène internationale.

Composition : Linéale Production

ISBN : 978-2-844-318-404
Achevé d'imprimer en Italie par Stige, en octobre 2010
Dépôt légal : octobre 2010.